"Quem sou eu?"
Um tema para a psicologia

Miguel Mahfoud (Org.)

"Quem sou eu?"
Um tema para a psicologia

Eduardo González Di Pierro
Hans Urs von Balthasar
Stanislaw Grygiel

Apresentação de
Karin Hellen Kepler Wondracek

"Quem sou eu?" Um tema para a psicologia
1ª edição

COORDENAÇÃO EDITORIAL
Karol Oliveira

DIREÇÃO DE ARTE
Tiago Rabello

REVISÃO
Maggy de Matos

CAPA
Kamila Moreno

PROJETO GRÁFICO E DIAGRAMAÇÃO
Conrado Esteves

Q3

"Quem sou eu?" : um tema para a psicologia / organizador : Miguel Mahfoud . – Belo Horizonte : Ed. Artesã, 2017.
160 p. ; 21 cm.
ISBN: 978-85-88009-72-1

1. Psicologia. 2. Fenomenologia. 3. Autoconsciência. I. Mahfoud, Miguel.

CDU 159.9

Catalogação: Aline M. Sima CRB-6/2645

IMPRESSO NO BRASIL
Printed in Brazil

ARTESÃ EDITORA LTDA.
Site: www.artesaeditora.com.br
E-mail: contato@artesaeditora.com.br
Belo Horizonte/MG

Para Andréia, com gratidão.

Sumário

Apresentação

Karin H. Kepler Wondracek

Quem sou eu?
Pergunta que nasce com o humano
que atravessa as culturas
e se desdobra em múltiplas vozes,
versões em prosa e verso.

Pergunta ancestral e atual, e não tornada obsoleta com o que chamamos de desenvolvimento contemporâneo. Antes, mais necessária, pois em meio aos estímulos acelerados da nossa época, corremos o risco de perder nosso próprio fio no labirinto dos novos acontecimentos.

Por isso, o livro, organizado e coescrito por Miguel Mahfoud, é tão importante e urgente.

Além de apresentar autores que buscam em fontes da cultura, antiga e atual, traços de resposta para essa questão, o texto aborda a importância de manter viva tal pergunta. Sem isso, corre-se o risco de alienação, diz o autor.

Mas não apenas manter viva a pergunta, mas a busca de relações vivas que indiquem caminhos de resposta. Relações com amigos, com autores, com mestres, com terapeutas, com poetas e místicos, que teçam os fios que liguem terra e céu, micro e macro. Relações que se dão num misto de atividade como abertura e passividade como deixar acontecer. A resposta nunca pode ser produzida pelo empenho, mas apenas pelo desejo constante e abertura para os encontros vivos que trarão indícios... encontros como presença, vigilante, aberta e expectante para visitas do infinito em formas várias.

Somos seres relacionais, mostram os textos do livro, e nisso está a possibilidade e o paradoxo de saber quem sou eu em presença de outro. Presença viva, abertura para o encontro entre eu e tu, entre eu e Tu, dito de várias formas e cores!

Os textos sensíveis, nascidos de encontros vivos, nos ajudam a manter aberta a pergunta "Quem sou eu?" como "expressão própria do sujeito, do seu acontecer", mas sem estresse. Pois sem "uma relação com o que radicalmente corresponde", há o perigo de consumir-se nessa ânsia. Os autores por sua cadenciada prosa e poesia, nos ajudam a distinguir e fruir encontros significativos.

Naquelas coincidências lindas do caminho, já sou recompensada pela leitura, pois abriu meus sentidos para saborear o presente recebido na forma de poema, escrito do outro lado do mundo:

Going Deeper
Go down
down
down
to the place in you
where fire and silence dwell —

the place of power.

Go down
down
down
to that pool in you
of weedless water —

the place of knowing.

Go down
down
down
the moss bright path
to your Grandmother's house —

the place of song.

Go down
down
down
to the last strawberry —

the freshness of God.[1]

"Quem sou eu?" na forma de livro nos leva a esses lugares. Como expressam Miguel Mahfoud e seus parceiros no livro, a pergunta dá voltas pelo mundo e assim incrementa e aprofunda as respostas. O texto está aí para ser saboreado, com vagar e com sofreguidão, nessa paradoxal atitude para encontros profundos, terapêuticos e fraternos.

Obrigada, Miguel Mahfoud, por nos *a*-presentar autores e textos seus com esse convite para conhecimento do eu e da vida profunda!

1 POWELL, Anne. **Firesong**. Aotearoa (New Zealand): Steele Roberts, 1999. Enviado por email por Carlos José Hernández, de Posadas, Argentina, durante a leitura dos originais do livro.

Quem sou eu?

Hans Urs von Balthasar

O sentido da pergunta

O *topos* "teatro do mundo"[1] já parece coisa do passado, pelo menos no sentido de conceber a vida humana como papéis desempenhados frente a Deus, o distribuidor de tarefas e juiz de um jogo. Todavia, há não muito tempo apareceu um trabalho com o significativo título "A Representação do Eu na Vida Cotidiana".[2] A ideia de papel é atual como nunca na psicologia e sociologia contemporâneas. E mesmo que se tratasse somente de uma moda transitória (que talvez já esteja passando, visto que ao invés de "papel" passa-se a falar em "função"), sob a imagem permanece atual o que ela significa: o dualismo que cada homem experimenta (superficial ou profundamente, de modo passageiro ou duradouro) entre o que eu represento e o que realmente sou, entre as vestes mais ou menos acessórias que eu quis ou tive de vestir, para continuar a viver e o corpo que lá dentro se esconde, intocado pela mudança de roupa. Dualismo que pode ser advertido também no interior de uma pessoa: "temos" um

[1] Tradução e adaptação das notas por Miguel Mahfoud do texto em italiano "Chi sono io" publicado na revista *Communio* (edição italiana), n. 98-99, 1988, pp. 19-29.

[2] GOFFMAN, Erving. **A representação do eu na vida cotidiana.** 17a ed. Petrópolis (RJ): Vozes, 2009.

determinado caráter, em grande medida definido pela hereditariedade, mas não somos idênticos a ele. Le Senne, certa vez, comparou o caráter ao piano, tocado por um eu: a peça executada é a pessoa.[3] Ou seja, o eu que toca não pode ser ou tornar-se si mesmo senão mediante o seu instrumento, que por sua vez não é dissociável do ambiente em que vive. Este é o problema de toda filosofia do "sujeito": "Como o sujeito pode apropriar-se de si mesmo?", pergunta-se Blondel em *L'action*.[4] E continua:

> Eu preciso querer a mim mesmo; porém, é impossível alcançar-me imediatamente: há entre mim e mim mesmo um abismo que nada pôde preencher.[5]
>
> Aquilo que se faz ou se deseja é sempre menos do que aquele que faz ou deseja.[6]

E, todavia, não há outro ponto de partida a não ser o concreto, o concreto que cada um é, "eco da completa ordem do mundo em um ser único e irrepetível"; mas a ação parece ser a função mediadora pela qual o ser individual e o universal entram em relação, "o vínculo substancial que realiza a unidade concreta de cada ser individual assegurando a sua comunhão com cada outro".[7] No drama da *action* o indivíduo encontraria a si mesmo encontrando a totalidade. Nela, porém, surge fugidia a pergunta se o ponto de

[3] LE SENNE, René. **Traité de caractérologie suivi de précis d'idéologie.** 9a ed. revisada e ampliada. Edição de Edouard Morot, sir. Paris: Presses Universitaires de France, 1979. [Cf. p. 11].

[4] BLONDEL, Maurice. **La acción (1893): ensayo de una crítica de la vida y de una ciencia de la práctica.** Tradução de Juan Maria Isasi e Cesar Izquierdo. Madrid: BAC, 1996, p. 386.

[5] Idem.

[6] Idem, p. 385.

[7] BOUILLARD, Henri. **Blondel et le christianisme**. Paris: Seuil, 1961, p. 24.

fuga da identidade do eu consigo mesmo estaria dentro ou acima do mundo empírico, se seria alcançável pelo sujeito com suas próprias forças ou seria recebido – suposta a tensão – como um dom.[8] A problematização de Blondel pode ser considerada em toda legítima busca da identidade do eu consigo mesmo; busca essa empreendida também pelas várias ciências antropológicas, cada qual a seu modo. Mas francamente, nem a filosofia nem a ciência podem lançar para algum passado as suas questões: elas também se dão lá onde, no "grande teatro do mundo", as almas nuas – na aparência, idênticas quanto à essência – entram em cena, para assumir seus papéis e seus trajes.

Se essas nuas almas são realmente idênticas, será a última questão sobre a qual trataremos nestes prolegômenos. É a pergunta *quem* realmente joga o dramático jogo da existência. Através da resposta que se dê a essa pergunta decide-se que sentido tem o jogo ou se em geral há um sentido. Nós lançamos a pergunta para frente até tocar as fronteiras da teologia, a partir da qual – e somente dela – é possível obter informações satisfatórias acerca do ator desse jogo; a pergunta atinge assim a premissa para sua dramaticidade própria. Neste sentido, esta última consideração pertence ainda ao átrio dos prolegômenos, mas recebe seu conteúdo e sua articulação, antecipadamente, do que vem depois, em cuja luz só pode emergir a negatividade de seus resultados.

A pergunta a ser feita não é "*O que* – ou que ser – é o homem?", mas "Quem sou eu?". A primeira pergunta é apresentada a Édipo pela esfinge; resolver este enigma esfíngico pode ser fascinante e – encontrada a solução – até alegre. Mas, quando, mais tarde, Édipo indaga sobre o culpado pela

[8] HENRICI, Peter. **Hegel und Blondel**. Pullach (Alemanha): Berchmanskolleg, 1958, p. 185.

devastação de Tebas e cada vez mais os indícios apontam – implacáveis – para ele, seus olhos lhe serão arrancados e ele será lançado em um isolamento sempre maior, aí então a alegria acaba. Já não é um "caso de", fica interdita toda referência a algo em comum. (No "complexo de Édipo" ele seria solidário aos outros?). Ele está só com seu destino. E nesta solidão ele dirige a si mesmo – não a todos – a pergunta "Quem sou eu?". Todos devem fazê-lo, mas isoladamente, cada um por si mesmo. "Quem não se interroga sobre si mesmo não conduz uma vida humana":[9] O fato de um outro se perguntar quem ele seja não serve, de modo algum, para a solução da minha pergunta. Se me respondessem que sou um caso de homem (e todas as ciências me responderiam assim), eu saberia imediatamente que minha pergunta tinha sido mal compreendida ou não tem resposta. A ciência me dá as costas: *quia particularium non est scientia nec definitio.*[10] O "indivíduo" (como Kierkegaard o pensa, a quem ele se dirige

[9] Cf. PLATÃO. **Apologia de Sócrates; Críton.** Tradução, introdução e notas de Manuel de Oliveira Pulquério. Lisboa: Edições 70, 2009, p. 45 [38a].

[10] TOMÁS DE AQUINO. **Summa Theologiae**. Navarra (Espanha): Fundación Tomás de Aquino, 2011, Consultado em www.corpusthomisticum.org/sth1044.html em 25de janeiro de 2017. [Prima Pars, Questio 44, Articulus 3, Arg. 3].

Cfr. TOMÁS DE AQUINO. **Sentencia super Meteora**. Navarra (Espanha): Fundación Tomás de Aquino, 2011. Consultado em www.corpusthomisticum.org/cme1.html em 25 de janeiro de 2017. [Liber I, Caput 1, 1]: *"Manifestum est quad complementum scientiae requirit quod non sistatur in communibus* [p.e. *"homem", "vivo"], sed procedatur usque ad species: individua enim non cadunt sub consideratione artis [isto é, da ciência]; non enim eorum est intellectus, sed sensus".*

Cfr. também TOMÁS DE AQUINO. **Expositio libri Posteriorum Analyticorum**. Navarra (Espanha): Fundación Tomás de Aquino, 2011. Consultado em www.corpusthomisticum.org/cpa1.html em 25 de janeiro de 2017. [Liber I, Lectio 42, 1 – 5; Liber I, Lectio 44, 2].

e como ele próprio quer ser) tem seu inacessível mistério que nunca poderá perder ou eliminar, que levará consigo para a tumba. Eis dois exemplos, dentre muitos:

Jean Paul fez experiência de ser um eu e a conservou consciente:

> Numa manhã, garoto, eu estava à porta de casa e olhei para a esquerda na direção da passarela de madeira, quando, de repente, a percepção de meu rosto interno – eu sou um eu! – me surpreendeu e fiquei chocado como se um raio me golpeasse do céu, e a partir de então ele permaneceu brilhando para sempre: naquela ocasião o meu eu tinha visto a si mesmo pela primeira vez, e para a eternidade.[11]

Que a experiência tenha permanecido é demonstrado pelo seu diário:

> No dia 18 de fevereiro de 1818 contei como, no início de minha juventude, eu tive pela primeira vez a *consciência do eu*, sua intuição, à porta de casa (durante o tempo que se passou entre as duas datas eu misturei àquela consciência muitas quinquilharias) e disse: a consciência deve vir só como um raio.[12]

O mesmo foi sentido, profundamente, por Dickens:

> Um fato maravilhoso que merece reflexão é o de que toda criatura humana constitui profundo enigma e um mistério para todas as outras. Quando chego

[11] JEAN PAUL. **Jean Pauls Sämtliche Werke.** Historisch-kritische Ausgabe. Edição de Eduard Berend. Weimar (Alemanha): Böhlau, 1934, p. 92. [Secção II: 4].

[12] JEAN PAUL. **Wahrheit aus Jean Pauls Leben, II**. Edição de C. Otto e E. Förster. Breslau (Polônia): Max und Komp, 1828, p. 125. *Apud* BÉGNIN, Albert. **Traumwelt und Romantik.** Bern (Suíça): Francke, 1972, pp. 218-219.

> a uma grande cidade à noite, pondero de modo solene que cada uma daquelas casas sombriamente agrupadas encerra seu próprio segredo; que cada aposento de cada uma delas encerra seu próprio segredo; que cada coração pulsante nas centenas de milhares de peitos que há ali é, em algumas de suas fantasias, um segredo para o coração que lhe está próximo! Um bocado do horror, até da própria Morte, relaciona-se a esse fato. (...) Meu amigo está morto, meu vizinho está morto, meu amor, a querida de minha alma, está morta; é essa a consolidação e perpetuação inexorável do segredo que sempre existiu nessa individualidade e que terei de carregar comigo até o fim de minha vida. Em qualquer um dos túmulos dessa cidade pela qual passo existirá algum adormecido mais inescrutável do que me são seus inquietos habitantes, com suas personalidades mais íntimas, ou mais do que sou para eles? [13]

Todos esses mistérios não são somáveis para comporem o mistério da vida humana. Pode-se dizer muita coisa bonita a respeito da luz que o mistério do ser humano singular adquire no encontro amoroso com o mistério de alguma outra pessoa: mas o mistério é reafirmado na irrepetibilidade, não eliminado. Do profundo da própria essência singular uma pessoa pode doar à outra algo de singular, mas não perde sua singularidade por isso. A esperança de que um pensamento ou uma filosofia da pessoa ou da personalidade possa dar resposta à pergunta "quem sou eu?" é enganadora; pelo contrário, a pergunta se acentua na consciência.

A pergunta de que tratamos – tenha ela resposta ou não – está presente, como um pressuposto, em qualquer

[13] DICKENS, Charles. **Um conto de duas cidades.** Tradução de Débora Landsberg. São Paulo: Estação Liberdade, 2010, pp. 23-24. [cap. 3].

outra pergunta que eu faça. É uma pergunta que nunca se coloca na mira do fuzil, porque ela mesma segura a arma em punho. Esse que fica sempre pressuposto – isto é, o eu que se interroga – nunca está sem perguntas, quase fosse algo que fundamenta a si mesmo; ele está implicitamente em cada pergunta real, porque é o que coloca a pergunta verdadeira. O suicídio – que chegou a ser exaltado como a maior liberdade do ser humano[14] – testemunha o seguinte: a certo altura, pode-se ficar tão farto do fundo da eterna pergunta, que se acaba por inverter a direção do cano do fuzil, apontando contra o impertinente interrogador. É claro que pode ser covardia,[15] mas o fato é que não foi encontrada solução alguma, tanto ao mergulhar no papel a desempenhar, como ao livrar-se dele, e ainda menos ao comparar-se com a situação de outros homens. Pelo contrário: se o interrogador se considera um indivíduo da espécie humana, não lhe poderá passar desapercebido o fato de que cada singular participante da espécie deve se colocar – cada um por si – a mesma pergunta, e que por isso ele não pode ajudar um outro nessa empreitada. Para o suicida, seu solitário eu interrogativo se

[14] "À vida, quando cansada das barreiras deste mundo, / Nunca falta poder para acabar consigo mesma". (Cássio em *Júlio César* de Shakespeare, Ato I, Cena 3). "*But life, being weary of these worldly bars, / Never lacks power to dismiss itself*".

SHAKESPEARE, William. **The tragedy of Julius Caesar**. Cambridge (EUA): MIT, 1993. Acessado em http://shakespeare.mit.edu/julius_caesar/julius_caesar.1.3.html em 25 de janeiro de 2017.

[15] "Considero vil e baixo, alongar o tempo da vida por medo do que poderia vir depois dela". (Brutus em *Júlio César* de Shakespeare, Ato V, Cena 1). "*But I do find it cowardly and vile, / For fear of what might fall, so to prevent / The time of life*".

SHAKESPEARE, William. **The tragedy of Julius Caesar**... *op cit.* Acessado em http://shakespeare.mit.edu/julius_caesar/julius_caesar.5.1.html em 25 de janeiro de 2017.

tornou a tal ponto discutível que não mais lhe parece digno continuar a interrogar-se. A coisa mais irritante – por ser a mais infundada – nesta problematização é a ruptura entre a comparação em série dos "eu", assim como eu sou eu (o termo ressoa como o mais óbvio dos termos e como o aparentemente mais intercambiável) e o cárcere fechado do próprio eu que nem por um instante é possível trocar ou abandonar.

Por certo, o encarcerado a quem nos referimos pode – com seus sentidos, com seu espírito indagador e utilizador, e com seu instinto social – continuamente associar-se a tudo o que pode vir a tocar no mundo, conforme sua vontade e saciedade; pode, com isso, enriquecer-se, "formar-se", amadurecer uma "personalidade", dilatar-se em mônada, na qual se reflete um aspecto do universo. No grande tráfego do ser humano, imerso entre os seres humanos e no mundo, a pergunta "Quem sou eu?", simplesmente é reduzida, deixada à margem. E talvez seja um bem. É mesmo justo que o interesse pelos acordos, pelos empenhos na obra comum e pela meta comum a ser construída juntos se sobreponham ao empenho de uma pergunta individual sempre inesgotável. É estranho, porém: se não devo mais me interrogar sobre isso que é insolúvel, a suposta resposta – presente no que foi feito e no que resta por fazer – perde seu interesse. Somente escorre, então, como um fluxo de sentido em direção a um mar de não sentido. Se cada um renuncia a dar ouvidos à pergunta, que nos solicita perenemente, de que modo poderiam todos juntos encontrar uma resposta que expressamente nos afastasse (cada um de nós) da pergunta? Cada um ouve a pergunta em si mesmo: cada um sabe, com toda certeza, que o destino de todos é o de ouvi-la.[16]

[16] Cfr. o que se diz sobre a quádrupla diferença no volume 5 de *Gloria: una estetica teologica*:

A pergunta é tão mais incômoda quanto mais o indivíduo é compelido a reconduzir sua existência ao evento mais casual: o ato sexual de dois indivíduos que depois ele viria a chamar de seus pais. Ele deve a si mesmo àquele acaso. Como consequência, parece não haver outra necessidade além daquele "fundamento" biológico, do qual ele emergiu – como qualquer outro indivíduo – efêmero e com a certeza de que virá a submergir nele (nele: mas no quê?) em breve. Que estranho, porém: ele tem a capacidade de interrogar-se sobre o "fundamento" – capacidade que um animal certamente não possui –, então pode refletir (ou seja, é espírito) e pode tomar distância das circunstâncias imediatas e problematizá-las. Assim, dá-se conta da problematicidade de seu casual *ser* individual, e também, sem dúvidas, do "fundamento" biológico, do qual ele surgiu. Pode, então, interrogar-se sobre o fundamento desse "fundamento". Ao olhar interrogativo do indivíduo, que não sabe quem ele seja, abre-se o inteiro reino do ser **no** mundo, também este interrogável, depois de si mesmo e juntamente a si mesmo. Ele é um ser atravessado por grande quantidade de leis e ritmos – como um corpo atravessado por suas veias – mas uma alheia e estranha não necessidade emerge de cada um de seus membros e, enfim, de sua totalidade. É preguiça ou autoviolência mental, a de quem aceita toda essa realidade – evidentemente não necessária em cada uma de suas partes – como incondicionada na sua totalidade, sobre a qual não se deva mais, então, interrogar.

Desse modo, a pergunta "Quem sou eu?" assume uma dimensão que do intramundano se estende em direção a um

VON BALTHASAR, Hans Urs. **Nello spazio della metafisica: l'epoca moderna.** Tradução de Guido Sommavilla. Milano: Jaca Book, 2015. (Gloria: una estetica teologica; 5).

horizonte mais-que-mundano, em direção a um "divino". Pode-se, então, com Berdjaev,[17] chamar de "teândrica" a pergunta sobre o homem – como também Solov'ëv[18] e Franz Baader[19] já haviam feito – confirmando a dimensão que Platão (e, depois dele, os Padres da Igreja) atribuíra ao homem que se interroga: através da distância em relação ao mundo possibilitada pela pergunta, o homem atinge o *"tehion"*, ainda que permaneça condicionado pelos princípios do mundo quanto a tudo mais. Recordemos a solução tentada por Platão com relação à determinação do papel no teatro do mundo, solução que responderia à pergunta "Quem sou eu?" pela hipótese de uma conexão entre liberdade pessoal e destino. Mas como essa solução, por sua vez, está ligada ao problema da transmigração das almas, a resposta se perdia, em última análise, em origens inacessíveis. E o insistente apelo de Sócrates a interrogar e examinar a si mesmo não menos que aos outros[20] acaba desembocando no conhecimento do próprio não-saber. Justamente devido a esse não-saber, Sócrates é definido pelo oráculo délfico como o homem mais sábio; evidentemente, como realização do sentido originário do oráculo esculpido na entrada do templo de Delfos: *Gnothi Sauton*, Conhece a ti mesmo.

[17] BERDJAEV, Nikolai. **Versuch einer personalistischen Philisophie**. Darmstadt (Alemanha): Holle, 1954, pp. 57ss.;

BERDJAEV, Nikolai. **Existentielle Dialektik des Göttlichen und Menschlichen**. München (Alemanha): Beck, 1951, pp.107 e 122.

[18] SOLOVIEFF, Wladimir. **Vorlesungen über das Gottmenschentum**. Stuttgart (Alemanha): Der Kommende Tag, 1921.

[19] BAADER, Franz von. **Sämtliche Werke**. Reinheim (Alemanha): Scientia Verlag Aalen, 1987. Cf. Volumes 11 e 12.

[20] Cf. PLATÃO. **Apologia de Sócrates...** op. cit. [*Apol,* 28e].

A anfibolia do *Gnothi Sauton*

O oráculo de Delfos, no seu significado originário, contém a advertência de não esquecer os limites humanos na presença do deus.[21] Assim foi interpretada aquela inscrição pela literatura poética e também filosófica da Grécia até o estoicismo. Alguns exemplos, dentre muitos, podem bastar. Na Segunda Ode Pítica de Píndaro,[22] o ser humano é levado a sempre reconhecer sua estatura; no *Prometeu* de Ésquilo,[23] Oceano admoesta Titanus assim: "Conhece-te e

[21] Sobre o tema, confira estas duas obras de Eliza Gregory Wilkins:

WILKINS, Eliza Gregory. **Know thyself in greek and latin literature**. Lenox (EUA): Hard Press, 2013.

WILKINS, Eliza Gregory. **The delphic maxims in literature**. Whitefish (EUA): Literary Licensing, 2013.

Sobre a história da influência, confira os ensaios de Pierre Courcelle sobre *Nosce teipsum*:

COURCELLE, Pierre. "Connais-toi toi-même" dans Rome impériale. **Annuaire du Collège de France**. 61 (1961), pp. 337-340.

COURCELLE, Pierre. La tradition littéraire et la tradition iconographique des "Confessions" augustiniennes. **Annuaire du Collège de France**. 62 (1962), pp. 375-379.

COURCELLE, Pierre. Résumé des cours de l'année scolaire 1962-1963. **Annuaire du Collège de France**. 63 (1963), pp. 373-376.

COURCELLE, Pierre. Résumé des cours de l'année scolaire 1963-1964. **Annuaire du Collège de France**. 64 (1964), pp. 391-392.

COURCELLE, Pierre. Résumé des cours de l'année scolaire 1964-1965. **Annuaire du Collège de France**. 65 (1965), pp. 429-443.

Cf. outra bibliografia em HAAS, Alois. Zur Frage der Selbsterkenntnis bei Meister Eckhart. **Freiburger Zeitschrift für Philosophie und Theologie**. 15 (1968), pp. 190-261.

[22] Segunda Ode Pítica, v. 34. Cf. PÍNDARO. **Odes**. Tradução, prólogo e notas de António de Castro Caieiro. Lisboa: Quetzal, 2010.

[23] ÉSQUILO. Prometeu cadeeiro. In ÉSQUILO.**Tragédias**. Edição bilíngue. Tradução de Jaa Torrano. São Paulo: Iluminuras, 2009, pp. 359-421. [v. 309-310 e 322-323].

harmoniza com novos modos (...). [Não dê] soco em aguilhão". Xenofonte[24] faz Trasíbulo falar o seguinte aos atenienses: "Homens da cidade, aconselho vocês a conhecerem a si mesmos; e podem conhecer sobretudo se refletirem de quê devem se sentir orgulhosos". Em *Filebo* de Platão,[25] Sócrates explica as posturas que se opõem ao oráculo de Delfos: não conhecer a si mesmo consiste em supervalorizar-se devido a bens exteriores, superioridades físicas ou virtudes próprias.[26] Em *Fedro*[27] o tema é o conhecimento dos limites da própria sabedoria. Em Epíteto e Plutarco o ser humano deve saber o que está em seu poder, sem estendê-lo a aspectos para quais não se é naturalmente idôneo.[28] Para Sêneca, o início da consciência de si é a compreensão dos próprios erros;[29] os

[24] *Elleniche* II, IV 40. Cf. JENOFONTE. **Helénicas**. Tradução e notas de Orlando Guntiñas Tuñon. Madrid: Gredos, 1977.

[25] v.48css. Cf. PLATÃO. **Leis; Crátilo; Filebo; Sofista; Timeu**. Tradução de Carlos Alberto Nunes. Belém: UFPA, 2001.

[26] Veja também a repreensão de Sócrates a Alcibíades que não seguia o oráculo de Delfos: *Alcibiades* I, 124ab. Cf. PLATÃO. **Primeiro Alcibíades; Segundo Alcibíades.** Edição bilíngue. Tradução de Carlos Alberto Nunes e Ernani Chaves. 3a ed. Belém: UFPA, 2015. (Diálogos de Platão; 8).

[27] v. 229ss. Cf. PLATÃO. **Fedro**. Edição bilíngue. Tradução de Carlos Alberto Nunes. Belém: UFPA, 2011. (Diálogos de Platão; 3).

[28] Plutarco. *De tranquillitate animi,* 12-13; *De EI apud Delphos*, 21.

PLUTARCO. Sobre la paz del alma. In PLUTARCO. **Obras morales y de costumbres: (moralia)**. Tomo VII. Introdução, tradução e notas de Concepción Morales Otal e José García López. Madrid: Gredos, 1995, pp. 109-155.

PLUTARCO. Sobre la E de Delfos. PLUTARCO. **Obras morales y de costumbres: (moralia)**. Tomo VI. Introdução, tradução e notas de Concepción Morales Otal e José García López. Madrid: Gredos, 1995, pp. 239-275.

[29] *Epistulae morales,* III 7,10 (Carta 28) Cf. SÊNECA. **Aprendendo a viver**. Tradução Carlos Nougué *et alii*. 2a ed. São Paulo: Martins Fontes, 2008.

poetas latinos citam, frequentemente, a fábula de Esopo na qual Zeus coloca dois sacos nos nossos ombros: um à frente, onde estão os defeitos dos outros, e um atrás com os nossos. Importante para a consciência de si é a memória sempre viva da própria mortalidade (Píndaro,[30] Sófocles,[31] Eurípides[32]). Sêneca identifica expressamente o *Gnothi Sauton* na consolação a Márcia pela morte do filho, nestes termos:

> Isto é o que declaram aquelas palavras atribuídas ao oráculo Pítico: Conhece-te a ti mesmo. O que é o homem? Um vaso que pode quebrar-se ao menor abalo (...): um corpo débil e frágil, desnudo, indefeso por sua própria natureza, que tem necessidade do auxílio alheio, exposto a todos os danos do destino.[33]

Nos *Diálogos dos mortos* de Luciano,[34] Rei Filipe recebe seu filho Alexandre apontando que ele não quer deixar de ser insistente e aprender a conhecer a si mesmo, compreendendo que é mortal ao invés de comparar-se a Héracles e Dionísio. Em Fílon,[35] Deus opõe a Moisés – que deseja vê-lo – o oráculo de Delfos. Em Juvenal o oráculo como que cai do céu, para ensinar aos seres humanos a modéstia para consigo mesmos. Mas precisamente este fato de o oráculo derivar do céu, de

[30] *Pyth.* III 59s. PÍNDARO. **Odes**... op. cit.

[31] Fragmento 481 Nauck.

[32] Alceste, 780s. Cf. EURÍPEDES. **Alceste; Electra; Hipólito: texto integral**. Tradução de Pietro Nassetti. São Paulo: Martin Claret, 2003.

[33] V. 11. Cf. SÊNECA. **Cartas consolatórias**. Tradução de Cleonice Furtado de Mendonça van Raij. Campinas: Pontes, 1992, p. 84.

[34] Cap. 14: Filipe e Alexandre. Cf. LUCIANO DE SAMÓSATA. **Diálogo dos mortos**: versão bilíngue. Tradução, introdução e notas de Henrique G. Murachco. São Paulo: Palas Athena; Edusp, 2007.

[35] *De Specialibus Legibus* 1, 44. Cf. PHILON DE ALEXANDRIE. **De Specialibus Legibus I et II**. Tradução, introdução e notas de Suzanne Daniel. Paris: Cerf, 1975. (Les oeuvres de Philon d´Alexandrie; 24).

deus, caracteriza todas essas passagens citadas (e muitas outras paralelas): através do absoluto, o homem é recolocado no lugar que o espera, na sua finitude, na sua mortalidade. Voltando a entrar na própria verdade, ele entra também no justo relacionamento com Deus. Pompeu, que sacrifica aos deuses em Atenas, lê para a ocasião "cartazes que haviam sido feitos em seu louvor, um por dentro da porta da cidade dizia: *Tanto de deus tu tens, quanto de homem te sentis*".[36]

Nessa máxima emerge fortemente um significado novo e estranho, se comparado com o que foi afirmado até aqui: um significado que parece reconduzir a um equilíbrio a direção Deus-ao-homem e a contra direção homem-a-Deus. De fato, a partir de Platão difunde-se, no estoicismo e no neoplatonismo, a exortação a que o ser humano se eleve de sua caducidade e baixeza, e seja consciente de sua nobreza, de sua afinidade com os deuses. Em *Fedro*,[37] autoconhecimento é conhecimento do espiritual; o que se radicaliza em *Alcibíades*[38] pela identificação do homem verdadeiro com a alma; Proclo comenta esse diálogo, reservando a ele o primeiro lugar. Nessa interpretação, o *Gnothi Salton* é declarado pelos estoicos, nas palavras de Juliano,[39] como "o

[36] Plutarco, *Pompeius*, 42. Cf. PLUTARCO. **Vidas paralelas: Agesilau – Pompeu; Fócion - Catão de Útica**. São Paulo: Editora das Américas, 1972. (Vidas dos Homens Ilustres; VI). Consultada em www.consciencia.org/roma-antiga-pompeu-vidas-paralelas-plutarco/5 em 25 de janeiro de 2017.

A máxima de Juvenal é frequentemente citada pelos teólogos cristãos de século XII.

[37] PLATÃO. **Fedro**... *op. cit.*

[38] PLATÃO. **Primeiro Alcibíades**... *op. cit.* [I 129a].

[39] Discurso VI, 185D. Cf. JULIANO. **Discursos VI - XII**. Tradução de José Gracía Blanco e Luis Alberto De Cuenca y Prado. Madri: Gredos, 1982 (Biblioteca Clásica Gredos; 45).

primeiro princípio da filosofia deles", mas para os estoicos, o "Deus em nós" é a razão[40]. Assim também em Epíteto e difusamente em Cícero[41]. Em Plotino a autoconsciência torna-se compreensão da estrutura da alma[42], o ato fundamentalmente filosófico da "inversão" (*epistrophe*) torna-se idêntico ao *Gnothi Sauton*. Conhecer-se significa, para os neoplatônicos, olhar para trás, mirar a própria origem de onde a alma "desceu". É conhecida a influência póstuma que este segundo aspecto do axioma exerceu na história cristã antiga e medieval do espírito[43]: mas esta via não pode ser aqui

Na *Vida de Apolônio de Tiana* de Flávio Filóstrato, o *Gnothi Sauton* é praticado pelos brâmanes, que por esta via chegavam a conhecer sua origem divina. A conexão com a Índia é muito significativa. Cf. PHILOSTRATUS. **Apollonius of Tyana: the life of Apollonius of Tyana**. Tradução de Christopher P. Jones. Cambridge (EUA): Harvard University Press, 2011. 2 v. (Loeb Classical Library; 16 e 17).

[40] Juliano, Discurso VI, 196D. Cf. JULIANO. **Discursos VI - XII**... *op. cit.*

[41] *De legibus* I 58-62. Cf. CÍCERO. **Tratado das leis**. Tradução de Mariano Kury. Caxias do Sul (RS): Educs, 2004.

[42] *Enn.* V 3,4; VI 8,41. Cf. PLOTINO. **Eneadas: V - VI**. Tradução de Jesus Igal. Madrid: Gredos, 1998. (Biblioteca Clásica Gredos; 256).

[43] Há muitos documentos em Courcelle (*op. cit.*): de Clemente Alexandrino e Orígenes aos capadócios, de Minúcio Félix a Arnóbio, Ambrósio e Agostinho, onde o "*noverim me, noverim Te*" torna-se a quintessência da oração e o retorno a si mesmo no caminho para Deus.

Além de: SLADECZEK, Franz Maria. Die Selbsterkenntnis als Grundlageder Philosophie nach dem hl. Augustinus. **Scholastik**. 5 (1930), pp. 329-356; VERBEKE, Gérard. Connaissance de sai et connaissance de Dieu chez S. Augustin. **Augustiniana**. IV (1954), pp. 495-515. Esta via (mediante o conhecimento da própria alma ao conhecimento de Deus) tem proximidades com a de Plotino, onde, porém, os significados de alienação de Deus ["*Mecum eras et tecum non eram*": "Estavas comigo e eu não estava" (Agostinho, *Confissões* X, 27, 38)] são diferentes. Cf. AGOSTINHO. **Confissões**. Tradução de J. Oliveira Santos e A. Ambrósio de Pina. 27a ed. Petrópolis, RJ: Vozes, 2014.

examinada; com o Evangelho entra em jogo um elemento fundamentalmente novo.

Seria extremamente fascinante seguir as duas direções, como se configuram na especulação filosófica. Poderíamos ver que não resultam estranhas uma à outra, estão relacionadas – como, aliás, a teoria do conhecimento está aprendendo a ver, sempre mais claramente, a simultaneidade das direções: de dentro para fora em direção às coisas, e o voltar-se (reflexão) do pensamento para si mesmo. Assim, nesse retorno, o pensamento torna-se também objeto para si mesmo, de modo que pode abarcar tanto o que se sabe objetivamente sobre as coisas, quanto a si mesmo como conhecedor; reconhecendo também os próprios limites quanto ao que pode ser conhecido. Assim, já Platão em *Cármides* identificara o conhecimento de si do oráculo délfico com a chamada à *sophrosyne* e a definiu (hipoteticamente) como o *único* conhecimento, que outra coisa não é que o conhecimento que se conhece, o conhecimento de outros conhecimentos e, ao mesmo tempo, também do não saber.[44] Essa via poderia ser investigada em Aristóteles e em Agostinho[45], e dali até Tomás[46]. Mas não tem nada a mostrar quanto à pergunta "Quem sou eu?", por se ocupar das estruturas essenciais gerais do conhecimento.

[44] Cármides, 167bc. PLATÃO. **Cármides, Lísis**. Edição bilíngue. Tradução de Carlos Alberto Nunes. 3a ed. Belém: UFPA, 2015.

[45] AGOSTINHO. **A Trindade**. Tradução de Agustino Belmonte. 3a ed. São Paulo: Paulus, 2005. [*De Trin*. XV c 12]. Cfr. ZEPF, Max. Auaustinus und das philosophiche Selbstbewasstsein der Antike. **Zft, f. Religions und Geistesgeschichte**. 11 (1959), pp. 105-132.

[46] "No mesmo ato entendo o entendido e entendo que entendo": [Super Sent., lib.1 d.1 q.2 a.1 ad2]

TOMÁS DE AQUINO. **Scriptum super Sententiis.** Navarra (Espanha): Fundación Tomás de Aquino, 2011. Consultado em http://www.corpusthomisticum.org/snp1001.html em 25 de janeiro de 2017.

Pode-se, também, indagar sobre a relação entre as duas direções, no plano metafísico-religioso. As formas conclusivas do pensamento antigo – estoicismo e neoplatonismo – conhecem as duas direções e as declaram ambas válidas e necessárias para um comportamento verdadeiramente ético-religioso, embora com prefixos diferentes. O estoicismo enfatiza a pessoa singular com relação à totalidade, exprimindo-se com as categorias teatrais expostas anteriormente: a atuação racional do papel bem definido designado a *mim*. Já o neoplatonismo ressalta a necessidade da reflexão voltada para o Uno, reflexão na qual o jogo exterior de papéis – como resultou da utilização do símbolo teatral em Plotino – degrada em jogo de sombras quase não essencial. Mas são somente pequenas variações. Em Epíteto e Marco Aurélio, é sempre a distância interior no que diz respeito ao jogo e o contato sempre mantido com a razão universal, que vem a constituir a premissa de um bom jogo. Em íntima afinidade, ambas as formas antigas de fundamento do eu singular representam juntas um único contratipo sob a ótica cristã, a qual pode ser percebida nele somente em termos iniciais, fragmentários e, no fundo, impraticável.

Todavia, parece-nos significativo assumir como fio de Ariadne para a nossa indagação, o ponto de partida estoico e platônico juntamente às teorias modernas que hoje são análogas a ele nas suas linhas antitéticas. Até que ponto esse início pode ajudar – na ordem da solução – a pergunta da qual nos ocupamos, se verá mais além. Como pontos de partida, são e permanecem indispensáveis.

Referências

AGOSTINHO. **A Trindade**. Tradução de Agustino Belmonte. 3a ed. São Paulo: Paulus, 2005.

AGOSTINHO. **Confissões**. Tradução de J. Oliveira Santos e A. Ambrósio de Pina. 27a ed. Petrópolis - RJ: Vozes, 2014.

BAADER, Franz von. **Sämtliche Werke**. Vol. 11 e 12. Reinheim (Alemanha): Scientia Verlag Aalen, 1987.

BÉGNIN, Albert. **Traumwelt und Romantik**. Bern (Suíça): Francke, 1972.

BERDJAEV, Nikolai. **Existentielle Dialektik des Göttlichen und Menschlichen**. München (Alemanha): Beck, 1951.

BERDJAEV, Nikolai. **Versuch einer personalistischen Philisophie**. Darmstadt (Alemanha): Holle, 1954.

BLONDEL, Maurice. **La acción (1893): ensayo de una crítica de la vida y de una ciencia de la práctica.** Tradução de Juan Maria Isasi e Cesar Izquierdo. Madrid: BAC, 1996.

BOUILLARD, Henri. **Blondel et le christianisme**. Paris: Seuil, 1961

CÍCERO. **Tratado das leis**. Tradução de Mariano Kury. Caxias do Sul (RS): Educs, 2004.

COURCELLE, Pierre. "Connais-toi toi-même" dans Rome impériale. **Annuaire du Collège de France**. 61 (1961), pp. 337-340.

COURCELLE, Pierre. La tradition littéraire et la tradition iconographique des "Confessions" augustiniennes. **Annuaire du Collège de France**. 62 (1962), pp. 375-379.

COURCELLE, Pierre. Résumé des cours de l'année scolaire 1962-1963. **Annuaire du Collège de France**. 63 (1963), pp. 373-376.

COURCELLE, Pierre. Résumé des cours de l'année scolaire 1963-1964. **Annuaire du Collège de France.** 64 (1964), pp. 391-392.

COURCELLE, Pierre. Résumé des cours de l'année scolaire 1964-1965. **Annuaire du Collège de France.** 65 (1965), pp. 429-443.

DICKENS, Charles. **Um conto de duas cidades**. Tradução de Sandra Luiza Couto. São Paulo: Nova cultural, 2011.

ÉSQUILO. Prometeu cadeeiro. In ÉSQUILO.**Tragédias**. Edição bilíngue. Tradução de Jaa Torrano. São Paulo: Iluminuras, 2009, pp. 359-421.

EURÍPEDES. **Alceste; Electra; Hipólito: texto integral**. Tradução de Pietro Nassetti. São Paulo: Martin Claret, 2003.

GOFFMAN, Erving. **A representação do eu na vida cotidiana.** 17a ed. Petrópolis (RJ): Vozes, 2009.

HAAS, Alois. Zur Frage der Selbsterkenntnis bei Meister Eckhart. **Freiburger Zeitschrift für Philosophie und Theologie.** 15 (1968), pp. 190-261.

HENRICI, Peter. **Hegel und Blondel**. Pullach (Alemanha): Berchmanskolleg, 1958.

JEAN PAUL. **Jean Pauls Sämtliche Werke**. Historisch-kritische Ausgabe. Edição de Eduard Berend. Weimar (Alemanha): Böhlau, 1934.

JENOFONTE. **Helénicas**. Tradução, e notas de Orlando Guntiñas Tuñon. Madrid: Gredos, 1977. (Biblioteca clásica gredos; 2).

JULIANO. **Discursos VI - XII**. Tradução de José Gracía Blanco e Luis Alberto De Cuenca y Prado. Madrid: Gredos, 1982 (Biblioteca Clásica Gredos; 45).

LE SENNE, René. **Traité de caractérologie suivi de précis d'idéologie**. 9 ed. revisada e ampliada. Edição de Edouard Morot, sir. Paris: Presses Universitaires de France, 1979.

LUCIANO DE SAMÓSATA. **Diálogo dos mortos**. Versão bilíngue. Tradução, introdução e notas de Henrique G. Murachco. São Paulo: Palas Athena: Edusp, 2007.

PHILON DE ALEXANDRIE. **De Specialibus Legibus I et II**. Tradução, introdução e notas de Suzanne Daniel. Paris: Cerf, 1975. (Les oeuvres de Philon d´Alexandrie; 24).

PHILOSTRATUS. **Apollonius of Tyana: the life of Apollonius of Tyana**. Tradução Christopher P. Jones. Cambridge (EUA): Harvard University Press, 2011. 2 v. (Loeb Classical Library; 16-17).

PÍNDARO. **Odes**. Tradução, prólogo e notas de António de Castro Caieiro. Lisboa: Quetzal, 2010.

PLATÃO. **Leis; Crátilo; Filebo; Sofista; Timeu**. Tradução de Carlos Alberto Nunes. Belém: UFPA, 2001.

PLATÃO. **Apologia de Sócrates; Críton.** Tradução, introdução e notas de Manuel de Oliveira Pulquério. Lisboa: Edições 70, 2009. (Clássicos gregos e latinos; 16)

PLATÃO. **Fedro**. Edição bilíngue. Tradução de Carlos Alberto Nunes. Belém: UFPA, 2011. (Diálogos de Platão; 3).

PLATÃO. **Cármides; Lísis**. Edição bilíngue. Tradução de Carlos Alberto Nunes. 3a ed. Belém: UFPA, 2015. (Diálogos de Platão; 7).

PLATÃO. **Primeiro Alcibíades; Segundo Alcibíades**. Edição bilíngue. Tradução de Carlos Alberto Nunes e Ernani Chaves. 3a ed. Belém: UFPA, 2015. (Diálogos de Platão; 8).

PLOTINO. **Eneadas: V - VI**. Tradução de Jesus Igal. Madrid: Gredos, 1998. (Biblioteca Clásica Gredos; 256).

PLUTARCO. **Vidas paralelas: Agesilau – Pompeu; Fócion - Catão de Útica**. São Paulo: Editora das Américas, 1972. (Vidas dos Homens Ilustres; 6).

PLUTARCO. **Obras morales y de costumbres: (moralia).** Vol. 6 e 7. Introdução, tradução e notas por Concepción Morales Otal e José García López. Madrid: Gredos, 1995.

SÊNECA. **Cartas consolatórias**. Tradução de Cleonice Furtado de Mendonça van Raij. Campinas: Pontes, 1992.

SÊNECA. **Aprendendo a viver**. Tradução Carlos Nougué *et alii*. 2a ed. São Paulo: Martins Fontes, 2008.

SHAKESPEARE, William. **The tragedy of Julius Caesar**. Cambridge (EUA): MIT, 1993. Acessado em http://shakespeare.mit.edu/julius_caesar/index.html em 25 de janeiro de 2017.

SLADECZEK, Franz Maria. Die Selbsterkenntnis als Grundlageder Philosophie nach dem hl. Augustinus. **Scholastik**. 5 (1930), pp. 329-356.

SOLOVIEFF, Wladimir. **Vorlesungen über das Gottmenschentum**. Stuttgart (Alemanha): Der Kommende Tag, 1921.

TOMÁS DE AQUINO. **Expositio libri Posteriorum Analyticorum**. Navarra (Espanha): Fundación Tomás de Aquino, 2011. Consultado em www.corpusthomisticum.org/cpa1.html em 25 de janeiro de 2017.

TOMÁS DE AQUINO. **Scriptum super Sententiis.** Navarra (Espanha): Fundación Tomás de Aquino, 2011. Consultado em http://www.corpusthomisticum.org/snp1001.html em 25 de janeiro de 2017.

TOMÁS DE AQUINO. **Sentencia super Meteora**. Navarra (Espanha): Fundación Tomás de Aquino, 2011. Consultado em www.corpusthomisticum.org/cme1.html em 25 de janeiro de 2017.

TOMÁS DE AQUINO. **Summa Theologiae**. Navarra (Espanha): Fundación Tomás de Aquino, 2011. Consultado em www.corpusthomisticum.org/sth1044.html em 25de janeiro de 2017.

VERBEKE, Gérard. Connaissance de sai et connaissance de Dieu chez S. Augustin. **Augustiniana**. IV (1954), pp. 495-515.

VON BALTHASAR, Hans Urs. **Nello spazio della metafisica: l'epoca moderna.** Tradução de Guido Sommavilla. Milano: Jaca Book, 2015. (Gloria: uma estética teologica; 5).

WILKINS, Eliza Gregory. **Know thyself in greek and latin literature**. Lenox (EUA): Hard Press, 2013.

WILKINS, Eliza Gregory. **The delphic maxims in literature**. Whitefish (EUA): Literary Licensing, 2013.

ZEPF, Max. Auaustinus und das philosophiche Selbstbewasstsein der Antike. **Zft, f. Religions und Geistesgeschichte**. 11 (1959), pp. 105-132.

Quem sou eu? Acontecimento pessoal na busca de completude

Miguel Mahfoud

A pergunta "Quem sou eu?" apresenta-se, recorrentemente, evidenciando a necessidade humana, que cada pessoa vive, de conhecer a si mesma e, mais radicalmente ainda, de entrar em contato consigo, de reconhecer o próprio ser.

Diante da natureza e da história, a interrogação sobre si

Interrogar-se sobre o próprio ser pode levar-nos a profundos aportes filosóficos, na companhia de grandes pensadores e poetas, mas também refere-se a experiências bastante simples, do homem comum em seu cotidiano.

A canção brasileira *Eu*, de Paulo Tatit,[1] relata a surpresa pela própria existência, por parte de uma criança, diante de sua história familiar. É interessante notar ali, a curiosidade e interesse do eu lírico pela origem de seus pais, levando à percepção de si, interligada a outros significativos e a culturas regionais.

De fato, a percepção de si não se dá por reflexão abstrata (ainda que essa seja necessária) nem na busca de uma interioridade sem conexão com o mundo-da-vida (ainda que dar-se conta do fluxo da própria consciência e a experiência

[1] TATIT, Paulo. Eu. In **Palavra Cantada: clipes**. DVD. São Paulo: Palavra Cantada, 2001.

da própria interioridade sejam fundamentais), mas, se dá por juízos, que emergem à consciência no contato com a vida mesma, em si, no mundo, na história.[2] Dar-se conta da vida acontecendo, pode significar o acontecimento da própria subjetividade.[3] Na experiência do próprio ser – ou experiência ontológica[4] – dá-se abertura do sujeito, com surpresa, maravilhamento, de forma tal que juízo, afeto e valor se apresentam integrados.

Nesse sentido, a canção *Eu* apresenta o percurso desde a curiosidade e pergunta sobre o mundo e a história até o reconhecimento de si, com maravilhamento:

[2] Para aprofundamento da dinâmica própria da elaboração da experiência, incluindo a função do juízo, cf. MAHFOUD, Miguel. A estruturação da experiência segundo Luigi Giussani. **Estudos de Psicologia** (Campinas), 33/3 (2016), pp. 395-401. Consultado em http://www.scielo.br/pdf/estpsi/v33n3/0103-166X-estpsi-33-03-00395.pdf em 25 de janeiro de 2017. Cf. também MAHFOUD, Miguel. **Experiência elementar em Psicologia: aprendendo a reconhecer**. Brasília: Universa; Belo Horizonte: Artesã, 2012. Cf também HUSSERL, Edmund. **Esperienza e giudizio: ricerche sulla genealogia della logica**. Edição bilíngue alemão - italiano. Edição de Ludwig Landgrebe, tradução de Filippo Costa e Leonardo Samonà. Milano: Bompiani, 2007.

[3] A concepção de subjetividade como acontecimento vem sendo desenvolvida por Claude Romano: Cf. ROMANO, Claude. **Lo posible y el acontecimiento**. Tradução de Aníbal Fornari, Patricio Mena & Enoc Muñoz. Santiago de Chile: Universidad Alberto Hurtado, 2008.; ROMANO, Claude. **El acontecimiento y el mundo**. Tradução de Fernando Rampérez. Salamanca (Espanha): Sigueme, 2012. Cf. Também MARTINS, João Gomes. Experiência e subjectividade em Claude Romano. In CANTISTA, Maria José (Org.). **Desenvolvimentos da fenomenologia na contemporaneidade**. Porto (Portugal): Campo das Letras, 2007, pp. 167-213.

[4] Sobre a apreensão da experiência ontológica, com referências a Husserl e Stein, cf. LEITE, Roberta Vasconcelos & MAHFOUD, Miguel. Elaboração da experiência ontológica em Albert Schweitzer: análise fenomenológica de uma autobiografia. **Memorandum**. 28 (2015), pp. 184-205. Consultado em www.fafich.ufmg.br/memorandum/a28/leitemahfoud01 em 25 de janeiro de 2017.

> E eu fico imaginando,/ Fico mesmo intrigado:/ Se não fosse uma barata/ Ninguém teria gritado,/ Meu bisavô nada ouviria/ E seguiria na caçada,/ Eu não teria bisavô, bisavó, avô, avó, pai, mãe/ Eu não teria nada.../ Nem sequer existiria! (...) Se aquela moça esperta/ Não tivesse ali passado/ Ou se não se apaixonasse/ Por aquele condenado,/ Eu não teria bisavô/ Nem bisavó, nem avô,/ Nem avó, nem pai/ Pra casar com minha mãe./ Então eu não contaria/ Esta história familiar/ Pois eu nem existiria/ Pra poder cantar,/ Nem pra tocar violão.

Se não fosse por um conjunto de acasos, eu nem sequer existiria, e não estaria aqui, fazendo o que estou fazendo: é a percepção da vida acontecendo e de que faço parte dela; é evidência da própria existência vivida com maravilhamento: a constatação de que certos fatos poderiam não ter acontecido mas aconteceram acentua a surpresa frente ao acontecimento que eu mesmo sou.

O poeta italiano Giacomo Leopardi (*1789-†1837), em *Canto noturno de um pastor errante da Ásia*,[5] apresenta a pergunta "E eu, quem sou?" se formulando justamente na experiência de observar o mundo, onde a interrogação sobre o sentido de cada coisa, de todas as coisas e da própria existência se dá como dramático acontecimento pessoal:

> Que fazes tu, oh! lua, no céu?
> Dize-me: que fazes, oh! lua silenciosa?
> Despontas à noite e vais contemplando os desertos;
> depois, descansas.

[5] LEOPARDI, Gicacomo. Canto notturno di un pastore errante dell´Asia. In **Canti**. Recanati (Itália): Centro Nazionale di Studi Leopardiani, s/d. Consultado em http://www.leopardi.it/canti23.php em 25 de janeiro de 2017.

Não estás ainda satisfeita da tua jornada pelos sempiternos caminhos?
Ainda não te aborreceste?
Ainda gostas de olhar estes vales?
(...)
Às vezes, quando te observo,
tão muda no deserto tão plano, que,
ao longe, confina com a fimbria do horizonte
e te descubro seguindo-me passo a passo
com as minhas ovelhas e fico a olhar o incêndio dos astros,
penso, entre mim:
para que tantas estrelas?
Que significam o ar infinito e essa profunda serenidade do céu?
Que quer dizer esta imensa solidão?
E eu, quem sou?

É significativo o fato de que a percepção do próprio eu e a tematização sobre "Quem sou eu?" se dê em diferentes períodos históricos e em culturas tão diferentes, quando da observação da natureza e da história. Consideramos uma canção brasileira infantil de nossos dias e um poema italiano do século XIX; vejamos, agora, uma experiência de meados do século XX, no Japão, retratada no poema *Ó viajante!* de Daisaku Ikeda, líder budista japonês contemporâneo.[6]

Ó viajante!
De onde vens?
E para onde irás?
A lua desce
No caos da madrugada;

[6] IKEDA, Daisaku. Ó viajante!. In IKEDA, Daisaku. **A revolução humana**. Vol. 2. Tradução de Fumio Tiba. 2a ed. São Paulo: Brasil Seikyo, 1985, p. 187.

Mas, vou andando,
Antes de o sol nascer,
À procura de luz.

No desejo de varrer
As trevas de minh´alma,
A grande árvore eu procuro,
A que nunca se abalou
Na fúria da tempestade.
Nesse encontro ideal,
Sou eu quem surge da terra!

Também Ikeda, diante da lua, se interroga sobre o próprio caminhar, identifica sua busca de luz em meio ao caos da falta de sentido; em meio à instabilidade, busca algo que não se abale, que não detenha a irrupção do próprio dinamismo vital (a grande árvore). E "nesse encontro ideal" – isto é, na relação entre a busca em meio às condições de incerteza e algo de ideal reconhecido – emerge uma espera, um conhecimento de algo significativo no mundo ou em si mesmo, mas sobretudo, o que emerge é o próprio eu, a consciência de ser si mesmo: "Nesse encontro ideal,/ Sou eu quem surge da terra!".

O mero idealismo lançaria a pessoa na imaginação de algo, que não está presente. Mas o "encontro ideal" – o encontro entre quem busca algo de caráter infinito e alguém que permite vislumbrar o infinito na vida acontecendo – instaura uma tensão que faz emergir o meu próprio eu. Por isso é tão grave, que se abafem as próprias experiências dramáticas: acabaria por se distender a exigência humana de algo radical, dificultando seu reconhecimento; em assim, a consciência de si se limitaria às determinações a que está sujeita, estruturando alienação.

É impressionante que Ikeda tenha composto aquele poema justamente no momento em que encontrava e reconhecia Josei Toda como seu mestre: reconheceu a busca que empreendia, reconheceu a estabilidade e sentido que vinha procurando, e pôde, então, assumir com plenitude, consciência e intensidade a pulsação de vida que o constitui. Naquele momento ele reconhecia alguém fora de si e, contemporaneamente, a intensidade de vida que ele é.

Surge da terra, o nosso eu. Não da terra mecanicamente considerada, mas da terra como campo do encontro ideal, na relação viva com algum elemento ideal reconhecido presente. É nesta relação com o ideal que nosso eu emerge.

"Quem sou eu?" como busca de completude

Bernardo Bonowitz[7] também comenta a busca de completude como um ímpeto pessoal, e constata a vivência do próprio eu em um encontro:

> Orígenes, descreveu a pessoa humana em sua atividade fundamental como *eros*, aquele ímpeto e desejo incansável de completude. No que consiste esta completude? Precisamente no encontro com a fonte pessoal de nossa identidade. (...) Giussani volta vez após outra às "exigências do coração", indeléveis, universais e invencíveis. Certeza de que a pessoa humana é permanentemente marcada e caracterizada pelo desejo por verdade, justiça, amor e felicidade perfeita.[8]

[7] BONOWITZ, Bernardo. Conhecimento de si mesmo como condição da fé: uma reflexão monástica. Debate Fé e Conhecimento: a perspectiva do cientista, do poeta e do monge. LAPS - Laboratório de Análise de Processos em Subjetividade, Universidade Federal de Minas Gerais, 2008. 11 p. [mimeo.]. Uma leitura do texto completo pode ser acessada em https://www.youtube.com/watch?v=xAxJN6SIb08 .

[8] BONOWITZ, B. Conhecimento de si mesmo... *op. cit.*, p. 7.

Completude como encontro com a fonte pessoal da própria identidade.

A experiência do garoto, que tem curiosidade sobre a origem de seus pais, é de abertura frente ao mundo, que o leva ao maravilhamento para com a própria existência, com evidente vivência de realização pessoal. Também o citado poema de Ikeda retrata o momento em que, reconhecendo seu mestre, reconhece a energia invencível da vida mesmo de onde seu eu emerge, nas condições limitadas de seu percurso existencial. Sem vislumbrar possibilidades de relação com a "luz" do sentido ou a estabilidade da "grande árvore", seu desejo e ímpeto poderiam ter se tornado ânsia desorganizadora.

> Em todas as coisas, portanto, a pessoa humana buscará aquela realização sem a qual ela não é si mesma, ou – como Giussani diria – sem a qual ela não chega a seu destino. Ou ela erra em sua estimativa de onde esta realização pode ser achada, atribuindo-a às satisfações derivadas do prazer, ou do estudo ou do sucesso; ou ela consegue compreender que essa realização deve ser achada no encontro com o Mistério do Ser, mas sem ter condição de fazer este encontro acontecer. (...) Ela não pode ir além de ansiar continuamente por este encontro, sabendo que sem isto ela permanece radicalmente frustrada: exigências sem correspondência. (...) Orígenes descreveu [eros] como sendo tão devorador que merece ser chamado de *eros maniakós*.[9]

O ímpeto por "realização sem a qual a pessoa não é si mesma" contém critérios para o reconhecimento do que seja correspondente às suas exigências e buscas, mas sem uma

[9] *Idem*, p. 8.

relação com o que radicalmente corresponde, a pessoa poderia ir se consumindo pela própria ânsia. Segundo Giussani, sem ter a quê aderir, com afeição, segundo o reconhecimento de correspondência, a consciência da própria origem levaria à ânsia e o impacto com o real nos causaria raiva.[10]

Fundamental é chegar a uma relação com a fonte pessoal de nossa identidade: sem substituí-la por algo reduzido que viesse a tomar seu lugar e também indo além de mera concepção no campo da abstração. Nas palavras de Giussani:

> Tomar consciência de mim quer dizer tomar consciência do relacionamento com a minha origem. (...) A consciência do relacionamento com a própria origem, para um ser como o eu humano, implica a consciência daquilo de que a origem é composta, é feita. (...) Não a origem como algo que totaliza cada realidade, confundindo cada coisa em um tudo sem distinções, abstrato ou material (panteísmo), mas a origem como algo dinâmico que faz com que você tenda para algo preciso, ainda inalcançável por você.[11]

Assim como a lua é sinal de uma origem e um sentido escondido em todo movimento (nos poemas de Leopardi e Ikeda), assim como o acontecer casual assinala a potência de uma criação que chega a gerar a história e minha própria pessoa (na canção de Paulo Tatit), todo o real pode ser tomado como sinal de uma fonte do existir.[12] Cada um de

[10] Cf. GIUSSANI, Luigi. **L'autocoscienza del cosmo.** Milano: Biblioteca Universale Rizzoli, 2000. [Capítulo 5: Conscientes de si].

[11] *Idem*, pp. 96-98.

[12] Sobre a realidade como sinal, o risco de esgotar a experiência em seu aspecto imediato, as exigências que constituem a experiência e a pessoa mesma, Cf. GIUSSANI, Luigi. **O senso religioso.** Tradução

nós tem urgência de relação viva com a fonte de sentido de todas as coisas, de forma real, concreta:

> uma forma não menos completa, mas uma forma que seja "legível" para nós, acessível aos sentidos e às emoções e especialmente ao coração.

Uma questão muito importante para a efetiva busca de completude, então, é: O que nos permite o reconhecimento da fonte pessoal de nossa identidade? A resposta de Bonowitz é: o conhecimento ontológico e o conhecimento do desejo.

> Conhecimento *ontológico*, um conhecimento que não é tanto explicitamente racional (ou "tematizado" para usar a frase de Rahner), quanto criativo de nossa identidade. (...); um conhecimento unitivo incoativo. (...)
>
> O conhecimento do desejo, o conhecimento de irresistivelmente querer para si (...) a felicidade eterna e infinita.[13]

Assim, com esses dois conhecimentos, no encontro pode haver o reconhecimento: "estávamos sempre buscando", a fonte "está próxima a nós", "está oferecida a nós", "disponível a nós".[14]

De fato, antes de ser tematizado ou explicado racionalmente, o encontro de um jovem com alguém que ele reconheça como mestre, lhe descortina identidade. Um adolescente, problematizando si mesmo diante do estranhamento do mundo e de seu próprio corpo, ao se surpreender na mira de um olhar amoroso, adquire um impensado olhar sobre si mesmo e – a um só tempo – se surpreende com as

de Paulo Afonso E. Oliveira. Brasília: Universa, 2009, especialmente o Capítulo XI intitulado "Experiência do sinal".

[13] BONOWITZ, B. Conhecimento de si mesmo... *op. cit.*, p. 9.

[14] *Idem.*

possibilidades que o mundo lhe oferece, conhece um desejo radical de vida, se interroga sobre o mistério da existência, sua fonte já lhe parece próxima ainda que não nitidamente apreendida, e essa passa a definir sua pessoa, antes mesmo de chegar às respostas de suas interrogações e questionamentos. Ou mesmo João, já muito idoso, ao redigir seu Evangelho, fazendo memória dos fatos de que participara na juventude, para dizer "eu" utiliza a expressão "aquele que Jesus amava"[15]: encontro que confere identidade e permanece fonte. São experiências que iniciam algo novo na autoconsciência, na identidade e no percurso de vida pessoal (caráter "iconativo"), experiências que permitem repousar no fato de ser quem sou – além de dificuldades e limites – por vinculação efetiva à fonte (caráter "unitivo").

No "conhecimento ontológico" há impacto com algum elemento pelo qual a percepção de si e o conhecimento do real passam a estar carregados de valor, antes ainda de denominar, classificar ou mesmo apreender com clareza de quê se trate. Ele é fundamental, pois se apresenta como abertura ao fenômeno, já reconhecido como correspondente, permitindo energia pessoal não desestruturante e apreensão do objeto como profundamente unido ao sujeito. Assim, abre caminho para sempre maior conhecimento.

O "conhecimento do desejo" permite o reconhecimento de correspondências (tanto no início do processo como em seu desenvolvimento): ao longo do caminho de vida, muitas vezes poderemos afirmar com intensidade pessoal: "Era o que eu esperava".

Interessante notar que não podemos escolher arbitrariamente ou inventar uma correspondência para nós: podemos

[15] Cf. Jo 13, 23; 19,26; 20,2; 21,7.20.

apenas reconhecê-la. Neste sentido, é um acontecimento. Nossa adesão ou não ao que nós mesmos reconhecemos como correspondente (ou, em outros termos, permanecer na relação ou não com a fonte de nossa identidade pessoal) é também determinante para uma experiência estruturante ou desestruturante da própria pessoa.

Bonowitz fala em "irracionalidade", ao se referir à recusa da correspondência advertida:

> Seria irracional chegar a este ato de reconhecimento, ponto decisivo de toda vida humana, e depois encontrar uma forma de relativizá-lo ou de esvaziá-lo de seu significado – de recusar que este encontro penetre no seu ser e no seu comportamento. Isso seria reduzir um encontro vivo ao nível de uma abstração.[16]

De fato, são frequentes os recuos diante de experiências reconhecidas como correspondentes: uma esperança emergente passa a ser considerada infantilidade, um encontro significativo é interrompido, ao se afirmar que ele não deveria remeter a mais nada além da casualidade do momento, uma verdade comovente passa a ser considerada como não realista ("Pena que a vida é outra coisa"), ou colocada à distância, ao afirmar que não há tempo ou ocasião, para se dedicar a ela ou mesmo por ser contracorrente da mentalidade hegemônica...[17]

[16] BONOWITZ, B. Conhecimento de si mesmo... *op. cit.*, pp. 10-11.

[17] Para identificação de atitudes não-razoáveis diante das exigências constitutivas, cf. GIUSSANI, L. **O senso religioso**... op. cit., particularmente os Capítulos VI, VII e VII sobre as atitudes de esvaziamento e redução das perguntas fundamentais e suas consequências pessoais e culturais. Cf. também MAHFOUD, M. **Experiência elementar em psicologia**... *op. cit.*, Capítulos IV e V que comenta aquela argumentação de Giussani nas suas implicações para a psicologia.

Voltar-se para si e voltar-se para a fonte

Hans Urs Von Balthasar (*1905-†1988) aponta duas maneiras de não recusar – ou melhor, de afirmar – a correspondência reconhecida e, assim, avançar na elaboração da pergunta "Quem sou eu?" e suas respostas pessoais: voltar-se para si e voltar-se para a fonte.[18]

Vimos que, diante da natureza apreendida em sua fonte intuída, emerge a pergunta "E eu, quem sou?". Vimos, também, que o maravilhamento frente à constatação de que eu poderia não existir, mas existo, também leva à pergunta "Quem sou eu?". Assim, voltar-se para si mesmo, dar-se conta do real e voltar-se para a fonte da identidade não são movimentos estanques; pelo contrário, acontecem em íntima relação, numa tensão própria. No dizer de Giussani:[19]

> Tomar consciência de si é tomar consciência de algo que está em caminho ou em tensão, na espera da felicidade. Descoberto isto, quanto mais você afirma isto, adere a isto, liga-se a isto, tanto mais você se torna feroz contra aquela complicação, aquele fator externo a você que tenta penetrar para alterar o seu jogo. (...) Quanto mais você ama aquilo pelo qual você é, como é feita, quanto mais você adere – por isso aceita e quer aquilo de que foi feita –, tanto mais lhe vem uma sensibilidade, coragem e persistência para combater o que, de fora, tenta alterar a paz da sua morada.

Voltar-se para si, sem reduzir o sujeito a objeto, é possível, ao tomar si mesmo como abertura interrogante: manter

[18] Confira o texto "Quem sou eu?" de Hans Urs Von Balthasar, primeiro capítulo do presente livro.

[19] GIUSSANI, L. **L'autocoscienza del cosmo**... *op. cit.*, p. 77.

a pergunta "Quem sou eu?" é expressão própria do sujeito, é seu acontecer. Voltar-se para si é advertir a busca radical, que está em ato, a exigência que cada um de nós é diante de tudo o que encontra.

Conta-se que, certa vez, o existencialista Jean-Paul Sartre pergunta ao amigo fenomenólogo Maurice Merleau-Ponty: "– Quem sou eu?". E recebe como resposta: "– Quem, quem sou eu?".[20] Ou seja, aquela pergunta, carregada de radicalidade frente a existência, ainda que não se chegasse a formular uma resposta aceitável, é a própria expressão de sua pessoa em ato, que se conhece em seu acontecer.

Interessante notar que Agostinho (*354-†430), em seu livro *A Trindade*,[21] já se ocupava da questão "voltar-se para si" e apontava que a alma não sabe exatamente o que ela mesma é, ou quem ela é, mas sabe ser pouco o que sabe sobre si, sabe ser maior, e busca se conhecer sempre mais:

> Como sabe que ainda não se encontrou toda, ela sabe qual é a sua grandeza. E assim busca o que lhe falta a seu conhecimento.[22]

A pergunta "Quem sou eu?" permanece, ao longo de toda a vida, como expressão de mim, como necessidade de conhecimento de mim e como possibilidade de continuar a avançar no autoconhecimento. E o próprio Agostinho aponta a necessidade de manter a atenção a si, enquanto sujeitos,

[20] Cf. TROTIGNON, Pierre. **Os filósofos franceses da atualidade**. Tradução de Nydia Ramalho e Antonio Eduardo Vieira de Almeida. São Paulo: Difusão Europeia do Livro, 1969.

Agradeço o Prof. Ricardo Fenati pela referência a esse interessante diálogo.

[21] AGOSTINHO. **A Trindade**. Tradução de Agustino Belmonte. 3a ed. São Paulo: Paulus, 2005. (Patrística; 7)

[22] *Idem*, p. 319.

sem reificá-lo:[23] aquela pergunta, expressão de nossa pessoa como sujeito, permite conhecer-nos como sujeitos, sem confundir com o que sujeito não é. Assim, poderá conhecer-se no próprio movimento que o caracteriza.

> Que a alma conheça, portanto, a si mesma, e não se busque como se vivesse ausente, mas fixe em si mesma a intenção da vontade que vagueia por outras coisas e pense em si mesma. Verá assim que nunca deixou de se amar nem de se conhecer, mas ao amar outras coisas confundiu-se com elas e, de certo modo, com elas adquiriu consistência.[24]

Ou seja, podemos confundir e reificar o sujeito, tomando-o como objeto, mas mesmo aí podemos nos conhecer como sujeitos, ou seja, ainda aí podemos advertir nosso movimento de busca de conhecimento de si em ação. Ainda que tenhamos chegado a uma resposta pouco clara, há um amor a si mesmo na busca e basta reconhecê-la, para voltar a perceber-se como sujeito. Às vezes, na nossa sociedade, inclusive na psicologia ou educação, busca-se criar identidades, como se o sujeito estivesse ausente, mas a busca da identidade pelo sujeito já evidencia sua presença. Neste sentido, é atualmente válida a admoestação agostiniana: não se busque, como se estivesse ausente. Ainda que identifiquemos nossa pessoa com o que fazemos – o que seria equivalente a se tomar por algo que não pode ser intercambiável – o movimento que

[23] Sobre contribuições de Agostinho ao tema do conhecimento de si mesmo dentro do percurso histórico-conceitual da noção de pessoa no ocidente, cf. MASSIMI, Marina. A pessoa e o seu conhecimento: algumas etapas significativas de um percurso conceitual. **Memorandum**. 18 (2010), pp. 10-26. Consultado em http://www.fafich.ufmg.br/~memorandum/a18/massimi05.pdf em 25 de janeiro de 2017.

[24] AGOSTINHO. **A Trindade**... *op. cit.*, p. 325.

nos caracteriza está de algum modo presente como interesse sobre si mesmo, e este pode sempre reabrir caminho para um conhecimento de si como sujeito.

> A alma não procure enxergar-se como se estivesse ausente, mas cuide de se discernir como presente (...); basta desapegar-se do que sabe não ser ela mesma.[25]
>
> A alma se conhece no momento mesmo em que se procura.[26]

Para deixar de reificar a si mesmo, é necessário o trabalho de elaboração da experiência em que se dê espaço ao juízo que emerge continuamente frente a tudo, abrindo caminho para uma busca sempre maior, apreender-se no acontecimento de tal movimento, chegando a um autoacolhimento (que gera relacionamentos realmente pessoais). Eis a experiência de "voltar-se para si".

É interessante notar que essa sintonia consigo mesma (resultado do voltar-se para si) não leva a pessoa a mergulhar em um mundo fechado nela mesma, mas gera relações em que a pessoa "não se toma como se ela não estivesse presente". E isso pode se dar mesmo que a pessoa esteja em grande sofrimento; pois a vivência da pessoalidade vai se tornando um valor, afetivamente advertido, e vai lhe dando mais condições de elaboração da própria experiência, mais condições de estar presente no mundo como sujeito.

Ao dar espaço ao juízo, que nasce da própria experiência (que é uma espécie de coragem), a pessoa pode ser si mesma, o mundo pode ser seu; e então tem condições de – com coragem – acolher a indicação agostiniana:

[25] *Idem.*

[26] *Idem*, p. 329.

> Que ela deixe de lado o que pensa ou imagina de si e veja o que "sabe". E fique com essa certeza.[27]

O poema *A alma e o baú* de Mário Quintana[28] (*1906-†1994) ilustra aquele trabalho de desapegar-me do que sei não ser eu, a partir do movimento de voltar-me para mim mesmo: à parte dos meus "badulaques", quem sou eu?

> Tu que tão sentida e repetida e voluptuosamente te entristeces e adoeces de ti,
> é preciso rasgar essas vestes de dó,
> as penas é preciso raspar com um caco, uma
> por uma: são
> crostas...
> E sobre a carne viva
> Nenhuma ternura sopre.
> Que ninguém acorra.
> Ninguém, biblicamente, com os seus bálsamos e olores...
> Ah, tu com as tuas cousas e lousas, teus badulaques,
> teus ais ornamentais, tuas rimas,
> esses guizos de louco...
> A tua alma (tua?) olha-te, simplesmente.
> Alheia e fiel como um espelho.
> Por supremo pudor, despe-te, despe-te, quanto mais nu mais tu,
> despoja-te mais e mais.
> Até à invisibilidade.
> Até que fiquem só espelho contra espelho
> num puro amor isento de qualquer imagem
> – Mestre, dize-me... e isso tudo valerá acaso a perda de meu baú?

[27] *Idem*, p. 326.

[28] QUINTANA, Mário. A alma e o baú. In QUINTANA, Mário. **Apontamentos de história sobrenatural.** São Paulo: Globo, 2005, p. 37.

Você, que poderia alimentar suas tristezas e mágoas até adoecer de si mesmo, em certo ponto pode rasgar as vestes de dó e ir além, chegando próximo de si mesmo. O que vem a ser "si mesmo" pode se esclarecer no trabalho de afirmar o que não é si mesmo. Até mesmo um "bálsamo" para as próprias dores e dramas existenciais pode ser afirmado como não-eu e, com coragem, seguir além. Até alcançar aquela percepção de si, que coincide com a consciência da vida acontecendo: "Até a invisibilidade. Até que fiquem só espelho contra espelho, num puro amor, isento de qualquer imagem", até que a profundidade sem fim do próprio ser chegue a ser vivenciada como amor, quando a própria experiência é mestra – ou a alteridade advertida no próprio ser se torna mestra. Ali, a percepção de si é a de um acontecimento diante de um tu, a do jorrar da fonte do ser. Ali, ainda não sei delinear quem sou – a pergunta permanece aberta –, mas estou certo de que "eu sou" e tal vivência é estruturante da pessoalidade nas diversas tomadas de posição no mundo-da-vida. Tanto que o poema de Quintana finaliza valorizando a corporeidade onde a profunda experiência de si se dá, ao invés de dispensá-la.

Permitir que aconteça o aprofundamento é experiência de amor a si mesmo: permanecer diante da evidência do mestre na minha própria vivência é amor. Giussani nos ajuda a reconhecer amor não somente como sentimento, mas como a afirmação pessoal do outro. No caso que ora examinamos, afirmação da fonte do próprio ser e da própria identidade:

> O amor (...) é um juízo da inteligência que arrasta consigo toda a sensibilidade humana. A sensibilidade humana significa exigência plena da promessa que é a vida, da promessa que é a nossa estrutura original.[29]

[29] GIUSSANI, Luigi. **O eu, o poder, as obras: contribuição de uma experiência**. Tradução de Neófita Oliveira e Virgilio Resi. São Paulo: Cidade Nova, 2001, p. 72.

> É amor afirmar o outro dizendo sim à presença dele para si próprio: ocasião de unidade na própria pessoa. Seria ocasião de ruptura consigo mesmo e com o real se houvesse recusa do acontecimento reconhecido. De fato, amar é aderir a um acontecimento, tornando própria uma novidade que se insinua.[30]

Também Fernando Pessoa (*1888-†1935), no *Livro do desassossego*,[31] busca resposta à pergunta "Quem sou eu?", à parte de seus adornos habituais:

> Quando ponho de parte os meus artifícios e arrumo a um canto, com um cuidado cheio de carinho – com vontade de lhes dar beijos – os meus brinquedos, as palavras, as imagens, as frases – fico tão pequeno e inofensivo, tão só num quarto tão grande e tão triste, tão profundamente triste!...
>
> Afinal eu quem sou, quando não brinco? Um pobre órfão abandonado nas ruas das sensações, tiritando de frio às esquinas da Realidade, tendo que dormir nos degraus da Tristeza e comer o pão dado da Fantasia.
>
> De meu pai sei o nome; disseram-me que se chamava Deus, mas o nome não me dá ideia de nada. Às vezes, na noite, quando me sinto só, chamo por ele e choro, e faço-me uma ideia dele a que possa amar... Mas depois penso que o não conheço, que talvez ele não seja assim, que talvez seja nunca esse o pai da minha alma...

[30] MAHFOUD, M. Estruturação da experiência segundo Luigi Giussani..., *op. cit.*, p. 398.

[31] PESSOA, Fernando. **Livro do Desassossego por Bernardo Soares**. Vol. II. Edição de Maria Aliete Galhoz, Teresa Sobral Cunha & Jacinto do Prado Coelho. Lisboa: Ática, 1982, pp. 14-15.

> Quando acabará isso tudo, estas ruas onde arrasto a minha miséria, e estes degraus onde encolho o meu frio e sinto as mãos da noite por entre os meus farrapos? Se um dia Deus me viesse buscar e me levasse para a sua casa e me desse calor e afeição... Às vezes penso isto e choro com alegria a pensar que o posso pensar... Mas o vento arrasta-se pela rua fora e as folhas caem no passeio... Ergo os olhos e vejo as estrelas que não têm sentido nenhum... E de tudo isto fico apenas eu, uma pobre criança abandonada, que nenhum Amor quis para seu filho adotivo, nem nenhuma Amizade para seu companheiro de brinquedos.
>
> Tenho frio de mais. Estou tão cansado no meu abandono. Vai buscar, ó Vento, a minha Mãe. Leva-me na Noite para a casa que não conheci...

É impressionante a simplicidade com que Fernando Pessoa descreve a condição que é também a de cada um de nós: lançado no mundo, reconhecendo-se pequenino e necessitado de amparo, na tristeza da solidão diante da própria condição existencial. Assim, a pergunta "quem sou, quando não brinco?", torna-se grandiosa. Diante do desamparo existencial, é frequente "brincar", "comer o pão da fantasia"; e com coragem ele reconhece que gostaria que a ideia de Deus o alimentasse, mas continua o desamparo assim que se revela apenas ideia; ou quando a consciência se apresenta lúcida e logo se dispersa, fugidia como folhas ao vento, na clássica imagem da caducidade de tudo. Elevando os olhos para as estrelas, sentido algum. E é impressionante observar brotar do corajoso reconhecimento da condição existencial de desamparo e solidão, um juízo cortante: "estou tão cansado no meu abandono", e um pedido nascendo quase à revelia de si mesmo, na contramão do que vinha afirmando: "Vai buscar, ó Vento, a minha Mãe".

"Quem sou, quando não brinco?": uma urgência de que o próprio ser seja um acontecimento. E o trabalho agostiniano de afirmar o que não é o eu pode levar à clareza da espera e do grito que sou, que cada um de nós é.

A experiência de radical solidão como âmbito de onde emerge clareza de figuras fundamentais que constituem o próprio eu, é também relatada pelo cientista neurofisiologista argentino radicado no Brasil, um dos fundadores da Faculdade de Medicina da Universidade de São Paulo em Ribeirão Preto, Miguel Rolando Covian (*1913-†1992).[32] Também ele relata o trabalho corajoso de voltar-se para si e voltar-se para a fonte, chegando à clareza do que permanecia enquanto perdia tudo: estando sozinho em casa, cai vítima de um acidente vascular cerebral (AVC), não havendo no momento quem o pudesse acudir; percebendo que ninguém perceberia que passava mal – ele próprio o descreve, depois –, diante da morte iminente, tem clareza de seu eu na presença íntima e radical de outros significativos:

> O acidente me serviu para chegar vertiginosamente, em milésimos de segundo, ao lugar mais profundo de minha alma e descobrir que lá há três coisas: Deus, minha mãe e o senhor [Houssay].[33]

[32] Cf. MAHFOUD, Miguel & MASSIMI, Marina. O cientista Miguel Rolando Covian: uma experiência totalizante. In ARCURI, Irene Gaeta & Ancona-Lopez, Marília. **Temas em psicologia da religião**. São Paulo: Vetor, 2007, pp. 219-242. Cartas redigidas a seu mestre (o cientista prêmio Nobel de medicina, Bernardo A. Houssay), bem como a seu assistente espiritual, Pe. Montanhez, e diversos manuscritos de caráter autobiográficos estão conservados junto de sua biblioteca pessoal no Arquivo do Professor Dr. Miguel Rolando Covian, no Museu de História da Faculdade de Medicina de Ribeirão Preto, nas dependências do Espaço de Cultura e Extensão Universitária da Universidade de São Paulo em Ribeirão Preto.

[33] Carta de Covian de 20 de maio de1957 a Houssay.

> Descer, num milésimo de segundo, com plena consciência, até o fundo da alma e encontrar ali bondoso e sorrindo Aquele que sempre espera, pedir-lhe perdão como primeira e instintiva reação e ficar logo tranquilo esperando o fim na solidão física porém não espiritual, não é coisa de todo dia. Aconteceu uma morte, porém tem sido vitalmente fecunda como a do grão caído na terra, pois dela nasceu um homem novo.[34]

> A partir do meu primeiro encontro com a morte (...) este sentimento particular de vida que morre ou de morte que vive mudou totalmente minha visão sobre a vida e sobre os homens. Encontro-me mais perto da Vida e mais próximo do homem (...). Como se tivesse mudado o binóculo com o qual até agora observara a paisagem da humanidade, trocando por outro, maior, que me permite ver mais detalhes.[35]

Diante da perda iminente de tudo, ele tem a percepção de seu ser brotando da presença íntima de sua mãe, de seu mestre e de Deus, presenças inexoráveis, companhia radical na radical solidão. Tal clareza sobre seu eu torna-se um marco para a concepção de si e nova luz para a percepção da humanidade e do mundo: apreende eu e outro não mais como cindidos, bem como vida e morte. Dá-se um olhar mais aguçado e valorizador do próprio eu e da vida mesma acontecendo:

> Paradoxo: sombras sobre os defeitos e claridades sobre as virtudes. É curioso, pois descobri que o homem está cheio de virtudes e que muitos dos

[34] Carta de Covian de 9 de junho de 1957 a Pe. Montanchez.

[35] Manuscrito com anotações autobiográficas, sem data.

> defeitos que eu via neles eram projeções dos meus próprios defeitos. (...) Experiências dolorosas que fazem sentir, numa fração de segundo, a proximidade da morte (...). No dia seguinte a vida daquele homem será uma mescla de vida e de morte que lhe permitirá chegar mais profundamente ao mistério de ambas. (...) Todas as coisas são uma mescla de vida e morte. Esta mescla tem beleza, profundidade e controlada alegria.[36]

Assim, percepção de si e do mundo inclui a percepção do mistério: tudo é mais do que posso apreender.

A vivência de si mesmo como pergunta "Quem sou eu?" em íntima relação com a surpreendente alteridade presente em si e no mundo, é também a vivência de Francisco de Assis (*1182-†1226): longe de tudo e de todos, recolhido nos bosques das montanhas, foi surpreendido pelo amigo, "à luz da lua", repetindo continuamente:

> Quem és tu, dulcíssimo Deus meu? Quem sou eu, verme vil e inútil servo teu?[37]

A pergunta "Quem sou eu?" é pulsante na relação com o imenso Mistério presente, a pequenez é envolta por grande afeto. Uma experiência ontológica assim, uma tal autoconsciência, não é apenas consciência de si mesmo, de sua história, dos próprios passos: interrogar-se sobre si mesmo é interrogar sobre a existência, num só movimento.

[36] *Idem*.

[37] **Os *Fioretti* de São Francisco**. Edição bilíngue italiano e português (s/d). [Apêndice : Terceira consideração dos sagrados santos estigmas]. Consultado em http://centrofranciscano.capuchinhossp.org.br/fontes-leitura?id=2924&parent_id=2920 em 25 de janeiro de 2017. Agradeço a Luigi Giussani a referência a esse fato e à obra que o relata.

Autoconsciência e totalidade

Sobre autoconsciência, Giussani[38] aponta:

> O homem afirma verdadeiramente a si mesmo aceitando a realidade, porque a sua própria realidade é parte da realidade que, como a sua, antes não existia e, momento por momento, acontece. Por isso, toda a natureza do homem tende a unificar-se com o real, isto é, tende a exprimir a unidade original, nativa, o objetivo último de realização que qualifica todo o moto, todo o movimento da natureza.
>
> Também o homem, como todo o movimento da natureza, escancara o olhar para o presente, se abre para o presente; reconhece, isto é, aceita, assimila-se ao presente, ama o presente, selecionando o positivo e o negativo.
>
> O coração do homem é o centro da realidade, porque aquilo que acontece em toda a realidade torna-se autoconsciência no coração do homem: o coração do homem é o lugar onde o céu, a terra, as montanhas, os cabelos da Pinci... etc., tornam-se autoconsciência. O eu autoconsciente é a autoconsciência da natureza, de toda a natureza. A autoconsciência do pássaro que corta os ares coincide com a autoconsciência do homem que o mira: o homem que olha o pássaro passar é a autoconsciência do pássaro.
>
> O homem é a autoconsciência de tudo. Por isso, não pode se deter antes do confim último: seria alternativa ao homem como autoconsciência do todo, da totalidade. Por isso, qualquer momento da autoconsciência abre-se, escancara-se, tende à autoconsciência do todo; como a poesia, que é "intuição

[38] GIUSSANI, Luigi. **L'autocoscienza del cosmo**... *op. cit.*, pp. 38-39.

lírica num plano cósmico" – dizia Benedetto Croce –, expressão lírica, uma expressão de um poema, mas que envolve tudo.

De fato, quando Fernando Pessoa relatava sua espera radical de que o vento que desfaz tudo trouxesse a Mãe para o desamparado, reflete a consciência de si muito além de seu temperamento, envolve a todos nós, é expressão do humano, envolve nossa condição existencial. Quando Mário Quintana volta a considerar seu corpo a partir da experiência de si em consciência ampla, reflete o movimento humano de identificar positivo e negativo a partir da vivência mesma, com critérios imanentes: trata-se da experiência do humano, da consciência de si que carrega todos e tudo consigo.

No dizer do próprio Benedetto Croce (*1886-†1952):

> A parte e o todo, o indivíduo e o cosmos, o finito e o infinito têm acaso realidade um longe do outro, um fora do outro? Estaremos dispostos a admitir que qualquer separação e qualquer isolamento dos dois termos da relação não poderiam ser outra coisa senão obra da abstração, pois só para esta existe a individualidade abstrata, o finito abstrato, a unidade abstrata, o infinito abstrato. Mas a intuição pura ou representação artística repele a abstração com todas as suas forças; ou melhor, nem mesmo a repele, porque a ignora, precisamente por seu caráter cognitivo ingênuo, que chamamos de auroreal. Nela, o *singular palpita pela vida do todo, e o todo está na vida do singular*; e toda representação artística autêntica é ela mesma e o universo, o universo naquela forma individual, e aquela forma individual enquanto o universo. [39]

[39] CROCE, Benedetto. **Breviário de estética**. Tradução de Rodolfo Ilari Júnior. São Paulo: Ática, 1997, p. 127. Itálicos nossos.

O escritor e dramaturgo Oscar Vladivas Milosz (*1877-†1939) coloca na boca do personagem Miguel Mañara a grande pergunta "Quem sou eu?" como experiência ontológica, como se dissesse: não sei explicar quem sou, nem sei dar os porquês como gostaria, e mesmo em meio a dores e limites há uma busca, uma ligação com o mistério do ser a me definir: simples, fonte de vida e pessoalidade. Nas palavras de seu Miguel Mañara:[40]

> Eis aqui a lua, eis aqui a terra, eis aqui o homem tão fraco e a sua grande dor. Mesmo assim, apesar de todas estas coisas que são, não ouso dizer que Tu és.
>
> Quem sou eu, pois, para teimar dizer que Tu és? Não estou certo, não tenho o direito de estar certo excepto de uma coisa só: do meu amor, do meu amor, do meu amor cego por Ti. Nada é puro, excepto o meu amor por Ti; nada é grande, excepto o meu amor por Ti. Nada é belo, excepto o meu amor por Ti. O sonho desvaneceu-se, a paixão fugiu, a lembrança apagou-se. Ficou o amor. Nada é sincero, exceto o meu amor por Ti; nada é real exceto o meu amor por Ti; nada é imortal exceto o meu amor em Ti.
>
> Porque eu não passo de um morto entre os mortos que amei, porque eu não passo de um nome que enche de areia a boca dos vivos. Ficou o amor. Ah! a beleza! a triste, a pobre Beleza! Mas quero louvar a Beleza, porque é dela que nasce a Dor, a amada do Amado.
>
> O teu grande amor queima-me o coração, o Teu grande amor — minha única certeza. Ó lágrimas!

[40] MILOSZ, Oscar Vladislas. Miguel Mañara: mistero in sei quadri. In MILOSZ, Oscar Vladislas. **Teatro: Miguel Mañara; Mefiboseth; Saulo di Tarso**. Tradução de Mimmi Cassola. 7a ed. Milano: Jaca Book, 2009, pp. 53-54.

ó fome de eternidade! ó alegria! Ai de mim! perdoa!
Ai de mim! Ama-me!

A totalidade não se refere a dar conta de todos os elementos, mas mirar o ponto onde tudo vale a pena. A questão não é dar conta de tudo nem mesmo de muito, mas reconhecer e afirmar a busca irrefreável, que sou eu, lugar do encontro com o mistério do ser de tudo, de onde a vida pessoal renasce contínua, simples, límpida, surpreendente, incessantemente.

A totalidade tem a ver com a límpida expressão de minha pessoa, nascendo da fonte borbulhante "do meu amor por Ti" e do "Teu grande amor – minha única certeza". Límpida expressão que tem uma possibilidade de totalidade no instante, num gesto, na afirmação da evidência reconhecida. A totalidade pode se dar no ponto nuclear pessoal que me liga a tudo, aos outros, e a mim mesmo, num dinamismo de expansão.

A totalidade não é a soma dos aspectos e acontecimentos, mas se manifesta na experiência que faz com que eu seja. A contínua retomada de mim mesmo é sempre possível por isso.[41]

E a pergunta "Quem sou eu?" reafirmada com surpresa e maravilhamento frente ao acontecer da vida – a própria e a de outros, em si e no mundo – vai estruturar a pessoalidade como acontecimento do meu ser pessoal, como consciência viva e afetiva da totalidade.

Referências

AGOSTINHO. **A Trindade**. Tradução de Agustino Belmonte. 3a ed. São Paulo: Paulus, 2005. (Patrística; 7).

[41] Cf. MAHFOUD, M. **Experiência elementar em psicologia**... *op. cit.*, especilamente o Capítulo VI: "Liberdade: retomar continuamente, a grande oportunidade".

BONOWITZ, Bernardo. Conhecimento de si mesmo como condição da fé: uma reflexão monástica. Debate Fé e Conhecimento: a perspectiva do cientista, do poeta e do monge. LAPS - Laboratório de Análise de Processos em Subjetividade, Universidade Federal de Minas Gerais, 2008. 11 p. [mimeo.].

CROCE, Benedetto. **Breviário de estética**. Tradução de Rodolfo Ilari Júnior. São Paulo: Ática, 1997.

GIUSSANI, Luigi. **L'autocoscienza del cosmo**. Milano: Biblioteca Universale Rizzoli, 2000.

GIUSSANI, Luigi. **O eu, o poder, as obras: contribuição de uma experiência**. Tradução de Neófita Oliveira e Virgilio Resi. São Paulo: Cidade Nova, 2001.

GIUSSANI, Luigi. **O senso religioso**. Tradução de Paulo Afonso E. Oliveira. Brasília: Universa, 2009.

HUSSERL, Edmund. **Esperienza e giudizio: ricerche sulla genealogia della logica**. Edição bilíngue alemão - italiano. Edição de Ludwig Landgrebe, tradução de Filippo Costa e Leonardo Samonà. Milano: Bompiani, 2007.

IKEDA, Daisaku. **A revolução humana**. Vol. 2. Tradução de Fumio Tiba. 2a ed. São Paulo: Brasil Seikyo, 1985.

LEITE, Roberta Vasconcelos & MAHFOUD, Miguel. Elaboração da experiência ontológica em Albert Schweitzer: análise fenomenológica de uma autobiografia. **Memorandum**. 28 (2015), pp. 184-205. Consultado em www.fafich.ufmg.br/memorandum/a28/leitemahfoud01 em 25 de janeiro de 2017.

LEOPARDI, Gicacomo. Canto notturno di un pastore errante dell'Asia. In LEOPARDI, Gicacomo. **Canti**. Recanati (Itália): Centro Nazionale di Studi Leopardiani, s/d. Consultado em http://www.leopardi.it/canti23.php em 25 de janeiro de 2017.

MAHFOUD, Miguel. **Experiência elementar em Psicologia: aprendendo a reconhecer**. Brasília: Universa; Belo Horizonte: Artesã, 2012.

MAHFOUD, Miguel. A estruturação da experiência segundo Luigi Giussani. **Estudos de Psicologia** (Campinas), 33/3 (2016), pp. 395-401. Consultado em http://www.scielo.br/pdf/estpsi/v33n3/0103-166X-estpsi-33-03-00395.pdf em 25 de janeiro de 2017.

MAHFOUD, Miguel & MASSIMI, Marina. O cientista Miguel Rolando Covian: uma experiência totalizante. In ARCURI, Irene Gaeta & Ancona-Lopez, Marília. Temas em psicologia da religião. São Paulo: Vetor, 2007, pp. 219-242.

MARTINS, João Gomes. Experiência e subjectividade em Claude Romano. In CANTISTA, Maria José (Org.). **Desenvolvimentos da fenomenologia na contemporaneidade**. Porto (Portugal): Campo das Letras, 2007, pp. 167-213.

MASSIMI, Marina. A pessoa e o seu conhecimento: algumas etapas significativas de um percurso conceitual. **Memorandum**. 18 (2010), pp. 10-26. Consultado em http://www.fafich.ufmg.br/~memorandum/a18/massimi05.pdf em 25 de janeiro de 2017.

MILOSZ, Oscar Vladislas. Miguel Mañara: mistero in sei quadri. In MILOSZ, Oscar Vladislas. **Teatro: Miguel Mañara; Mefiboseth; Saulo di Tarso**. Tradução de Mimmi Cassola. 7a ed. Milano: Jaca Book, 2009, pp. 23-68.

Os *Fioretti* de São Francisco. Edição bilíngue italiano - português. (s/d). Consultado em http://centrofranciscano.capuchinhossp.org.br/fontes-leitura?id=2924&parent_id=2920 em 25 de janeiro de 2017. [Apêndice: Terceira consideração dos sagrados santos estigmas].

PESSOA, Fernando. **Livro do Desassossego por Bernardo Soares**. Vol. II. Edição de Maria Aliete Galhoz, Teresa Sobral Cunha & Jacinto do Prado Coelho. Lisboa: Ática, 1982.

QUINTANA, Mário. A alma e o baú. In QUINTANA, Mário. **Apontamentos de história sobrenatural**. São Paulo: Globo, 2005, p. 37.

ROMANO, Claude. **Lo posible y el acontecimiento**. Tradução de Aníbal Fornari, Patricio Mena & Enoc Muñoz. Santiago de Chile: Universidad Alberto Hurtado, 2008.

ROMANO, Claude. **El acontecimiento y el mundo**. Tradução de Fernando Rampérez. Salamanca (Espanha): Sigueme, 2012.

TATIT, Paulo. Eu. In **Palavra Cantada: clipes**. DVD. São Paulo: Palavra Cantada, 2001.

TROTIGNON, Pierre. **Os filósofos franceses da atualidade**. Tradução de Nydia Ramalho e Antonio Eduardo Vieira de Almeida. São Paulo: Difusão Europeia do Livro, 1969.

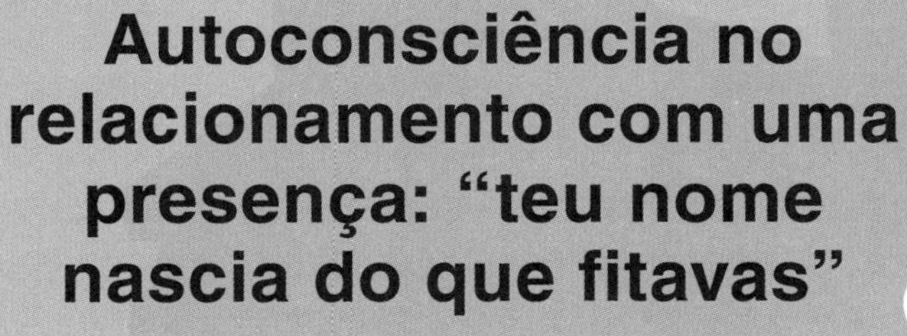

Autoconsciência no relacionamento com uma presença: “teu nome nascia do que fitavas”

Miguel Mahfoud

Como nasce, se desenvolve e se mantém a autoconsciência, no sentido de percepção de si, numa experiência ontológica? Qual a importância da relação com uma alteridade para a percepção autêntica de si mesmo? Como acompanhar a elaboração da autoconsciência? Qual o lugar do profissional para tanto? Questões como essas se mantêm como desafio, ao longo do tempo, para quem se coloque em relações de ajuda.

Um aprofundamento do que venha a ser autoconsciência, percepção de si, experiência, pessoa etc, requer adentrar a antropologia filosófica para um aprofundamento de nossas específicas áreas científicas, inclusive a psicologia. No presente texto, colhemos contribuições da antropologia filosófica de Karol Wojtyła apresentadas através de seu poema *A redenção busca a tua forma para entrar na inquietude de todo homem*[1] e as discutiremos com o auxílio das contribuições de Luigi Giussani[2] sobre os mesmos temas.

[1] WOJTYLA, Karol. La redenzione cerca la tua forma per entrare nell´inquietudine di ogni uomo. In WOJTYLA, Karol. **Tutte le opere letterarie: poesie, drammi e scritti sul teatro**. Edição bilíngue polonês - italiano. (Sem indicação de tradutor) Milano: Bompiani, 2001, pp. 148-159.

[2] Sobre a importância contemporânea da antropologia filosófica de Luigi Giussani cf. também SCOLA, Angelo. **Un pensiero sorgivo: sugli scritti di Luigi Giussani.** Milano: Marietti, 2004. BEDOUELLE, Guy.; BORGONOVO, Graziano.; CLÉMENT, Olivier; OLINTO, Antonio. RIES, Julien. **Gli uomini vivi si incontrano: scritti per**

Aquele poema de Wojtyła apresenta reflexões sobre a experiência humana, através da figura de Verônica. Como todos sabem, Verônica é personagem da tradição cristã da Via Sacra, desde a Idade Média e sua imagem atravessa os séculos, com grande força simbólica: voltando-se ao outro sofredor, permanece com uma marca pessoal dele, a ponto de lhe conceder identidade e participação na história. Já seu nome desperta interesse, nesse sentido: Verônica, vero ícone, verdadeira imagem, ou, "efígie da verdade" como prefere Wojtyła.

Na própria experiência, buscar a consciência de si

A primeira parte do poema de Wojtyła é intitulada, justamente, "Verônica", onde se lê:[3]

> Graças ao pensamento, o mundo não se vai pelo país dos puros significados,
>
> nem por aí se vão os animais, os homens e as flores dos vasos

Luigi Giussani. Milano: Jaca Book, 1992. BORGHESI, Massimo. **Luigi Giussani: conoscenza amorosa ed esperienza del vero: um itinerário moderno**. Bari (Itália): Pagina, 2015. BUZZI, Elisa. (Org.). **A generative thought: an introduction to the works of Luigi Giussani**. Montreal: McGill Queen's University Press, 2003. CHIOSSO, Giorgio (Org.). **Sperare nell´uomo: Giussani, Morin, MacIntyre e la questione educativa**. Torino (Itália): SEI, 2009. KONRAD, Michael. **Tendere all´ideale: la morale in Luigi Giussani**. Genova (Itália): Marietti, 2010. LÓPEZ, A. Growing human: the experience of God and of man in the work of Luigi Giussani. **Communio** (edição estadunidense), 37 (2010), pp. 209-242. Consultado em http://www.communio-icr.com/files/lopez37-2.pdf em 25 de janeiro de 2017. SIMONCINI, Andrea; VIOLINI, Lorenza; CAROZZA, Paolo & CARTABIA, Marta. **Esperienza elementare e diritto**. Milano: Guerini, 2011. (Collana Punto di fuga; 11).

[3] WOJTYLA, K. La redenzione cerca la tua forma... *op. cit.*, p. 151.

ou as flores do campo da humana solidão,
nem as gotas de sangue na fronte do homem agredido –

o país dos significados encontra a cada ângulo reto
o amor imperscrutável
e se torna degrau que a ele conduz,
a sua entrada.

"*Graças ao pensamento, o mundo não se vai pelo país dos puros significados*". Podemos apreender as coisas como presença física, delineada: podemos admitir que estão aí. Mesmo numa reação, as identificamos. Mas vivenciamos também um processo de apreensão de significados. E os puros significados (isto é caneta, este é João...) são uma espécie de país inóspito: não há lugar para nós onde cada coisa é meramente si mesma. Mas "*graças ao pensamento*" não é esse o destino das coisas nem o nosso: a busca de significado não para aí, contém interrogações inquietas ("Quem está aqui?", "Como este objeto se liga àquele?", "Por que aquilo me solicita e me provoca?"...). Interrogações que abrem a possibilidade de o mundo se tornar mundo-para-nós, mundo humano. Interrogações que permitem que "*os animais, os homens, as flores dos vasos*" não sejam tomados por si mesmos, quando permaneceríamos em nossa solidão. Também a solidão poderia ser simplesmente admitida; mas cada um, em sua busca de significado, adentra a experiência e se pergunta sobre o significado de tal solidão. "*As gotas de sangue na fronte do homem agredido*" (de cada um de nós, de todo homem que se encontra) poderiam ser simplesmente registradas, ou, ao invés, inaugurar uma solicitação a nos voltarmos ao outro, rompendo a cápsula da solidão.

Essa é a figura do ser humano, esse é o início da dinâmica que definiu Verônica: permitir-se responder à provocação recebida da circunstância, indo limpar "*as gotas de sangue na fronte do homem agredido*". Assim, saímos do campo dos meros fatos, adentrando o dos acontecimentos.[4] Aquele gesto também poderia ficar isolado em si mesmo; mas, graças à dinâmica do nosso pensamento, que não para ao advertir as coisas, "*a cada ângulo reto*", nas coisas assim como são, bem delineadas, definidas, fazemos uma pergunta sobre o significado. Tal abertura faz emergir algo mais do que o advertido até então, algo que permanecerá provocador à elaboração de sempre novos significados: "*o país dos significados encontra a cada ângulo reto um amor imperscrutável*". O que advertimos, então, não é apenas um objeto, mas uma provocação de outra ordem: advertimos um amor que não conseguimos sondar exatamente o que seja, embora apreendamos que esteja presente.

A partir da constatação de que a realidade existe, de que eu existo, também a partir da constatação de que a realidade é "para mim", percebemos algo que não há como tomar mas podemos reconhecer e afirmar. Então, "*o país dos significados encontra a cada ângulo reto um amor imperscrutável*" e cada experiência do real "*se torna degrau que a ele conduz, a sua entrada*": cada coisa, cada homem, cada flor, cada solidão, cada gota de sangue de cada homem agredido... é ocasião de reconhecer outro fator, é degrau em direção

[4] Cf. ROMANO, Claude. **Lo posible y el acontecimiento**. Tradução de Aníbal Fornari, Patricio Mena & Enoc Muñoz. Santiago de Chile: Universidad Alberto Hurtado, 2008. ROMANO, Claude. **El acontecimiento y el mundo**. Tradução de Fernando Rampérez. Salamanca (Espanha): Sigueme, 2012. Cf. Também MARTINS, João Gomes. Experiência e subjectividade em Claude Romano. In CANTISTA, Maria José (Org.). **Desenvolvimentos da fenomenologia na contemporaneidade**. Porto (Portugal): Campo das Letras, 2007, pp. 167-213. Di MATINO, Carmine. **El conocimiento siempre es un acontecimiento**. Tradução de I. de los Reyes Melero. Madrid: Encuentro, 2010.

para ascender ao mundo com significado, entrada para o mundo humano. Como o mundo, que ao adentrá-lo se torna meu mundo, nosso mundo, mundo humano, assim também o amor apreendido é provocação a adentrá-lo. Ainda que permaneça imperscrutável, não deixamos de desejar adentrar.

Giussani comenta que a realidade apresenta algo de radiante, luminoso, que faz parte da realidade mesma. Através da experiência da beleza, por exemplo, fazemos experiência de encontro com algo que não é exatamente o que percebemos empiricamente mas que percebemos, enquanto presença. Para ser realista, ao descrever o que vemos precisamos incluí-la:

> Tomás de Aquino indicava três requisitos da beleza: integridade, simetria e – assim Croce traduz – clareza. Joyce, ao invés, mais inteligentemente, traduz a terceira palavra por "radiosidade", indicando a capacidade que a beleza tem de comunicar algo que não se vê, isto é, o poder de emanar algo que o objeto anuncia, mas não se identifica com seus aspectos sensíveis; de tal modo que o objeto é, a um só tempo, verdadeira beleza e sinal de outro: essa é a completude do existente.

A sugestão que está dentro do que apreendemos é então parte do realismo. As coisas dizem "alguma outra coisa" do que aquilo que está inscrito em sua imediata presença: o Outro, aquele segredo, aquela realidade que, no final das contas, a torna digna de ser afirmada.[5]

Entrando em relação com coisas e pessoas, há algo que – ainda que eu não tenha como o perscrutar – se não

[5] GIUSSANI, Luigi. **Un avvenimento di vita, cioè una storia: itinerario di quindici anni concepiti e vissuti.** Roma: Il sabato, 1993, p. 439.

o afirmar, não afirmarei nem minha própria experiência (ainda menos a experiência de outros). Há algo que escapa ao sensível, ainda que se apresente através dele, que é "*degrau*", "*entrada*", porta. Imperscrutável, mas aquela realidade torna toda realidade digna de ser afirmada.

Wojtyła apresenta Verônica como pessoa empenhada nas coisas do cotidiano. Ao observá-la, o eu lírico entende que alguma coisa grandiosa está para acontecer ou acontecera: está à espera de que se manifeste o que ela é.

> Espero aqui pelas tuas mãos
> cheias do trabalho de todo dia,
> espero aqui as tuas mãos
> que seguram um simples lenço.[6]

Naquela realidade dos puros significados, estou esperando mais: espero você:

> Ao país dos mais profundos significados
> leve as tuas mãos, Verônica,
> leve as tuas mãos
> e toque o rosto do homem.[7]

Vá adiante, lide com o significado de seu cotidiano, adentre-o; lide com o que você tem às mãos e toque aquele rosto; entre no significado profundo, leve suas mãos ao significado profundo "*e toque o rosto humano*"; toque o rosto daquele homem, buscando tocar o humano.

Giussani aponta que entrar na experiência é difícil: não adquirimos esse *habitus*,[8] estamos dispersos e nosso contexto

[6] WOJTYLA, K. La redenzione cerca la tua forma... *op. cit.*, p. 151.

[7] *Idem*.

[8] *Habitus*: "É uma disposição, uma capacidade da natureza humana, a qual se enraíza em sua natureza específica e individual, finalizada pelo agir. É como um intermediário entre o dado ontológico e dinâmico

cultural contemporâneo tende a nos dispersar. O convite de Wojtyła a adentrar a própria experiência, buscando o significado profundo, é uma provocação. Afirma Giussani:

> Primeiramente, há obstáculos colocados a atingir o "centro do coração": *habitus* induzido pela comum prática da vida, hábitos produzidos pela nossa reatividade quotidiana, que pouco a pouco, cobrem o horizonte e o preenchem. Além disso, tal instintiva reatividade (com os consequentes hábitos) é provocada pela sociedade mesma, propositalmente, de modo sempre mais amplo e totalizante. (...) No início basta uma vida não sustentada pela vigilância, isto é, pela contínua retomada da consciência de si. (...) Assim, se produz um embotamento e torna-se sempre mais difícil atravessá-lo com uma reflexão autêntica sobre si mesmos. Há ainda os obstáculos que impedem atingir o ápice da razão. É algo muito análogo ao que acabo de descrever e se apresenta sob a forma de preconceito (tradução intelectual do embotamento prático a que nos referimos): (...) a inteligência justifica no preconceito o embotamento

da natureza e seu acabamento humano, a exemplo do processo de crescimento que conduz o recém nascido à idade adulta, ao homem 'perfeito', terminado (*perficere*, em latim). Assim, o *habitus* é uma qualidade, e a primeira, nas categorias predicamentais de Aristóteles. É, num homem completo, a disposição ao melhor. (...) Só existe *habitus* nas disposições naturais do homem que não sendo regradas pelo instinto e por outros determinismos, deixam abertura para descobrir a boa maneira de um agir adaptado ao concreto de um ato singular, e em fidelidade à natureza humana no que ela tem de específico. Nos termos de psicologia contemporânea, o *habitus* é um dinamismo estruturado e estruturante da pessoa". MASSIMI, Marina. Compreender a estrutura da pessoa: diálogo entre fenomenologia e filosofia aristotélico-tomista, por Edith Stein. In MAHFOUD, Miguel & MASSIMI, Marina (Org.s). **Edith Stein e a psicologia: teoria e pesquisa**. Belo Horizonte: Artesã, 2013, p. 119.

> do coração. (...) Ultimamente, a inteligência é um instrumento da liberdade. [9]

Ao invés de o pensamento adentrar a realidade, aceitando o convite que a provocação do real em nós é, pode-se ficar ocupados em justificar o embotamento do desejo e da consciência de si.

A dificuldade da mudança está no início do processo, ao evitar se posicionar diante da própria experiência: a dificuldade de – na própria experiência – buscar a consciência de si. Se o exame da experiência se detém no nível de uma análise ou se a busca é apenas pelas causas de uma dada reação, o conteúdo ao qual se chega pode ser verdadeiro mas não gera trabalho sobre a consciência de si, contribui a um embotamento e a inteligência se aplica em justificá-lo. Mas, sendo que "*ultimamente, a inteligência é instrumento da liberdade*" esta última fica provocada – pela própria realidade – a adentrar a experiência e o significado.

> A natureza do eu é capacidade de autodeterminação. Eis é a liberdade. Esta, ao invés de centrar-se na finalidade para a qual o eu é feito, subjuga esse eu levando a identificar-se com a solicitação do momento. A grande questão humana é a liberdade.[10]

Ou seja, ao invés de centrar-se na autodeterminação dentro da situação em que está vivendo, faz-se com que o eu se dobre ao contexto, adequando-se às várias solicitações (do poder, das próprias reações, do próprio orgulho, da própria tristeza ou solidão, por exemplo). Então, de fato, "*a grande questão humana é a da liberdade*" para poder

[9] GIUSSANI, Luigi. Intervista a Monsignor Luigi Giussani. A cura di P. Antonio Sicari. **Communio** (edição italiana). 98-99 (1988), pp. 191-193.

[10] *Idem*, p. 193.

entrar nos significados profundos enquanto se tem nas mãos o mundo.

Giussani cria uma imagem para falar do contexto de pouca clareza quanto as nossas exigências fundamentais:

> Como num palco, onde alguém estivesse falando e a equipe de apoio ficasse gritando. Então não se ouve mais aquele que fala. Assim, o mundo grita as suas demandas, fazendo com que as pessoas fiquem atordoadas, arrasta-as com demandas supérfluas ou unilaterais continuamente repetidas e, assim, o homem não ouve mais a pergunta fundamental que carrega dentro de si. (...) A pergunta fundamental torna-se imperceptível e a balbúrdia faz penetrar em seu lugar (...) uma palavra mentirosa, não demonstrada mas repetida de modo ensurdecedor: que as vozes do coração são uma ilusão, que as evidências da razão são estórias. (...) Acompanhar os homens para fazê-los descobrir, sempre de novo, a exigência profunda que está dentro de todos os seus desejos; (...) provocar e reconduzir o homem à verdade de cada desejo: É assim que a humanidade se torna menos ferida e, ao mesmo tempo, mais rica de alegria.[11]

Acompanhar, provocar e reconduzir o ser humano à exigência constitutiva de cada desejo, àquele fator não identificável empiricamente mas apreensível na experiência: sem ele, não se cuida do que lhe desperta interesse.[12] Adentrando

[11] *Idem*, pp. 194-195.

[12] Sobre o acompanhamento de pessoas levando em conta seus percursos de vida e suas exigências estruturais, cf. MAHFOUD, Miguel. Acompanhamento de jovens na verificação pessoal de uma hipótese educativa. In OLIVEIRA, Neófita. & CAPITANIO, Giorgio. (Org.s). **Vida e trabalho: o risco de educar**. Belo Horizonte: AVSI, 2008, pp. 133-152. Cf também SANTOS, José Eduardo Ferreira. Como levar

assim cada desejo podemos caminhar para uma humanidade menos ferida.

Crescemos juntos, em solo comum

A segunda parte do referido poema de Wojtyła intitula-se *Irmã*, e assim inicia:[13]

> Estamos crescendo juntos.
> Crescer para o alto: o espaço do verde sustentado pelo coração
> vai de encontro à turba do vento
> que abruptamente se lança sobre a folhagem.
> Crescer para o fundo: crescer, não, descobrir
> a que profundidade deitaste as raízes
> que ainda mais fundo...
>
> Nos movemos na penumbra das raízes
> aprofundadas no solo comum.
> Comparo com as luzes no alto:
> reflexo d´água nas bordas do verde.

Podemos dizer "*irmã*" à pessoa que reconhecemos na mesma carne, no mesmo mundo. Irmãos crescem juntos: "*estamos crescendo juntos. Crescer para o alto: o espaço do verde sustentado pelo coração*". O novo que continuamente reaparece na vida só pode ser sustentado pelo coração: a sede do reconhecimento da verdade, fonte das exigências de renovação. "*Crescer para o alto*" é ir em direção ao novo ressurgindo, sustentados pelo coração.

a sério o desejo do jovem? In OLIVEIRA, Neófita. & CAPITANIO, Giorgio. (Org.s). **Vida e trabalho: o risco de educar**. Belo Horizonte: AVSI, 2008, pp. 101-131.

[13] WOJTYLA, K. La redenzione cerca la tua forma... *op. cit.*, p. 153.

Mas o espaço do novo não é tranquilo. De fato, Giussani[14] concebe a própria experiência não como porto seguro mas campo de batalha. Crescemos para o alto quando vamos, com liberdade, "*de encontro à turba do vento que abruptamente se lança sobre a folhagem*". É em meio ao embate que sustentamos o verde-novo, a vida a ressurgir.

"*Crescer para o fundo*" corresponde a descobrir onde apoiar a própria experiência, descobrir sua profundidade sempre maior: "*descobrir a que profundidade deitaste as raízes*". Onde, seu apoio? Onde, o fundamento de suas experiências? Onde você apoia suas buscas? Onde suas raízes podem se aprofundar para que a vida o sustente?

Crescer para o fundo e mirar "*ainda mais fundo*", é incrementar o reconhecimento do que pode sustentar o próprio ímpeto, é condição de possibilidade para a vida pessoal. Crescer para o fundo é correlato de crescer para o alto (sustentar o verde-novo em meio à turba do vento dos acontecimentos). Crescendo para o fundo deitamos raízes na escuridão de todo humano, "*nos movemos na penumbra das raízes aprofundadas no solo comum*".

Comparando os pequenos espaços no "*solo comum*" aos "*fragmentos de luz*": o novo que sempre ressurge na nossa experiência radia algo-outro, dá-se a percepção de algo que não sei perscrutar, não sei dizer o que seja, mas apreendo sua presença.

"*Estamos crescendo juntos*" – nós todos, humanos. Sozinho, nenhum de nós poderia crescer para o alto e para o fundo; é preciso estar nutrido e sustentado para batalhar com liberdade. Saber não estar só já torna menos inóspito

[14] GIUSSANI, Luigi. **Educar é um risco: como criação de personalidade e de história**. Tradução de Neófita Oliveira. São Paulo: Companhia ilimitada, 2004.

nosso mundo de sempre. Também ao acompanhar o outro fazemos experiência de crescer juntos. Acompanhando alguém em seu percurso de crescimento, na medida em que se dá um aprofundamento, a pessoa mesma tem condições de descrever seu processo, mas sabemos que se chega a isso por um trabalho em comum no "*solo em comum*": é fundamental que estejamos juntos, que saibamos estar juntos na busca. No entanto, Giussani problematiza de modo bastante agudo: não é precisamente por estarmos juntos que aquele processo inicia, mas devido à presença:

> Não é do perguntar em comum que se chega a uma ação verdadeira; é a resposta verdadeira que pode unir as pessoas em um esforço comum. (...) Não podemos pretender a solução nem mesmo do problema inicial a não ser colocando-nos em uma posição de resposta a algo de que se é carente no contexto geral. [15]

O tema "*ação verdadeira*" é o do posicionamento da pessoa: não chegamos a ele por estarmos no mesmo barco da condição existencial de buscas radicais, mas "*é a resposta verdadeira que pode unir as pessoas em um esforço comum*". Cada pessoa humana tem condições de encaminhar suas exigências na medida em que for capaz de se colocar diante de respostas a elas.[16] Também do ponto de vista do acompanhamento profissional de alguém: temos condições de estabelecer uma relação-de-ajuda quando, de algum modo, veiculamos uma resposta: não a resposta do que fazer, não

[15] GIUSSANI, L. Intervista a Monsignor Luigi Giussani... *op. cit.*, p. 199.

[16] Cf. GIUSSANI, Luigi. **O senso religioso**. Tradução de Paulo Afonso E. Oliveira. Brasília: Universa, 2009. Cf. também GIUSSANI, Luigi. **L'autocoscienza del cosmo**. Milano: Biblioteca Universale Rizzoli, 2000.

a resposta a um problema apresentado, mas uma *presença*. A presença radiada em nossa pessoa junto ao outro no solo comum, de algum modo toca a espera radical que carregamos na experiência mesma, que contida no problema que a pessoa está buscando elaborar. Sem uma presença e a mobilização que ela suscita, ninguém de nós seria capaz de afirmar a própria experiência, nem afirmar o outro, não cuidaria de si ou do outro.[17]

De fato, pressionados por certos clientes a darem respostas, às vezes profissionais respondem não saber, afirmando estarmos todos no mesmo barco; mas tal afirmação pode significar que conseguimos aprofundar no solo comum, gerando não-comprometimento e correspondente experiência de solidão. E quanto a isso, Giussani nos provoca: "*Não podemos pretender a solução nem mesmo do problema inicial*" naquele processo de começar do nível empírico ajudando a pessoa a adentrar um horizonte "*a não ser colocando-nos em uma posição de resposta a algo de que a pessoa é carente num contexto geral.*" Sem que a pessoa se coloque diante de uma presença ela não tem instrumentos para superar o mundo inóspito, para adentrar a própria experiência no reino do sentido. Isso porque é preciso "*recomeçar pela resposta ao humano que se veicula*"[18] através de uma companhia humana. É frequente tomar como ponto de partida o fato que somos todos humanos, mas ainda não basta: precisamos partir da

[17] Sobre a dimensão relacional nas relações de ajuda e o papel das exigências fundamentais, cf. MAHFOUD, Miguel. La dimensione della responsabilità nella motivazione dell'operatore e nella libertà del soggetto. In 3° Convegno Operatori Psicosociali, 2010, Verona (Itália). **Atti del 3° Convegno Operatori Psicosociali**. Milano: Medicina & Persona, 2011, pp. 73-85.

[18] GIUSSANI, L. Intervista a Monsignor Luigi Giussani... *op. cit.*, p. 197.

provocação que a presença traz, da presença que você é para o outro; partir de uma resposta que a minha presença para o outro contém, recomeçar da resposta ao humano que a presença veicula.

> Sempre reiniciar da pergunta a si mesmo: "o que devo ser para este homem?". Assim entendo que preciso ser, antes de mais nada, a proposta de uma Presença que salva o humano no final do seu caminho e então – como depósito – durante o caminho. Ajudá-lo a recomeçar do seu ser homem.[19]

O objetivo – no final do trabalho sobre si mesmo – é recuperar o humano, mas sendo um desafio presente, começa a ser atuado também agora. Paulo Freire[20] indicava que não se pode ir à luta como meio-homens; de fato, a pessoa só pode batalhar com a própria humanidade. A batalha por aquilo que represente sua maior exigência restaura a humanidade da pessoa, já enquanto está buscando sua realização. Está presente "*como depósito*", algo presente de que se terá posse mais tarde: é preciso formar o *habitus* afirmando e reafirmando continuamente uma presença que o constitui para que vá se restabelecendo sempre mais a própria humanidade. O processo inicia ao sujeito ser provocado pela resposta que a presença mesma veicula. Assim, podemos "*ajudá-lo a recomeçar do seu ser homem*". Então, não começa pelo elenco de problemas nem por alguma afirmação ética (o que deve ser), nem começa da análise das fragilidades ou dos sucessos; a pessoa recomeça seu percurso humano da surpresa de ser humana, despertada pela presença. Na surpresa, a pessoa se

[19] *Idem.*

[20] FREIRE, Paulo. **Educação como prática da liberdade**. 31a ed. Rio de Janeiro: Paz e Terra, 2008.

coloca em relacionamento com a presença, posicionando-se diante do convite à plenitude que ela representa.

Assim, "*o relacionamento com o infinito é conteúdo determinante da autoconsciência*", segundo Giussani.[21] Sabendo ser este o ponto de chegada de longa caminhada, sabemos ser também o valor de cada passo; sabemos o que cada desejo contém. Isso é fundamental para aprofundar o que seja iniciar da consciência de ser presença para o outro: não sou presença simplesmente por resolver sê-lo, ou meramente por impostar a voz de certo modo; sou presença para o outro por saber que algo está para acontecer ali, no vivo da relação com o outro, por estar à espera de algo que não está exatamente nas minhas mãos mas que pode acontecer ali através também de mim. Posso ser presença por estar diante da resposta, por estar em relação com o infinito, por estar cônscio – e surpreso – de que a relação com o infinito contém uma resposta para a humanidade de cada um, para aquela pessoa com que estou em relação no momento presente.

Sem esse relacionamento com o infinito não haveria liberdade: cada um só poderia reagir, só se poderia seguir o curso de um processo em que fora iniciado. De fato, a pessoa humana é o único ponto do universo capaz de iniciar algo, que não simplesmente segue um fluxo de determinações anteriores, e nisso expressa seu ser pessoa.[22] A relação com o infinito como conteúdo da própria autoconsciência, no

[21] GIUSSANI, L. Intervista a Monsignor Luigi Giussani... *op. cit.*, p. 191.

[22] Cf. GUARDINI, Romano. **Mondo e persona: saggio di antropologia Cristiana.** Tradução de Giulio Colombi. Brescia (Itália): Morecelliana, 2000. Cf. também. BRANDÃO, Sílvia Regina. A pessoa em Romano Guardini: um desafio à autonomia e desamparo do homem contemporâneo. **Memorandum.** 10 (2006), pp. 147-156. Consultado em www.fafich.ufmg.br/~memorandum/a10/brandao01.htm em 25 de janeiro de 2017.

momento mesmo em que estou diante do outro, nos torna provocação para o outro, inicia algo no outro, possibilita que o outro inicie algo no mundo a partir de sua tomada de posição efetivamente pessoal. Giussani[23] ressalta que somos presença, provocação humana, para o outro por sermos conscientes da grande pertença. O que está em jogo é meu relacionamento com o infinito como determinante da autoconsciência: voltar-me para uma presença, dar espaço a ela na elaboração de minha experiência, afeiçoar-me a ela, afirmá-la em gestos... Então a relação com o infinito pode deixar de ser abstrata e dispersa para dar o tom para cada movimento do eu e para os ambientes onde vivemos, para aquilo que se faz no momento, para o relacionamento com o outro: o relacionamento com o infinito se transforma em presença, a pertença a uma presença me torna presença, possibilitando que o outro esteja diante de uma presença mobilizadora de suas exigências. Então, também ele tem a possibilidade de fazer o seu percurso de autoconsciência: em sua busca, há um fator imperscrutável mas que entra na descrição do que ele mesmo é, na descrição do que está fazendo ali, na descrição dos relacionamentos que vive, inclusive do relacionamento na relação de ajuda. Sem essa autoconsciência, no vívido instante, por parte de quem acompanha pessoas, apenas poderíamos afirmar estarmos todos no mesmo barco no sentido de estarmos à deriva, em mares inóspitos.

A empatia é a percepção básica e imediata de que o outro é *alter ego,* um eu como eu também sou um eu.[24] Ao

[23] GIUSSANI, Luigi. L'**io rinasce in un incontro**. Milano: Rizzoli, 2010.

[24] STEIN, Edith. Sobre el problema de la empatía. In STEIN, Edith. **Obras completas. v.II: Escritos filosóficos (Etapa fenomenológica: 1915-1920)**. Tradução de Francisco Javier Sancho e col. Vitoria (Espanha): El Carmen;

entrar em relação com o outro tomando consciência disso, o outro pode ter o impacto de ser tomado como sujeito além do conteúdo que apresente, abrindo caminho para que ele mesmo se volte para si como sujeito. Assim, podemos chegar a ter sintonia com o outro diferente de nós ainda que ele assumisse posicionamentos inicialmente estranhos a nós.

Wojtyła continua, em seu poema, apontando o desafio do caminhar de todo ser humano:

> Homem algum encontra a trilha feita.
> Viemos ao mundo
> como um arbusto que pode arder como o de Moisés
> ou secar.[25]

Sim, não temos trilha feita: o mundo e o caminho próprios, é preciso fazê-los; mas o que está em questão é se esse caminho vai dar em nada ou em algum lugar. Quem de nós diria "não há caminho pronto, está para ser feito por nós mesmos" sem se perguntar em quê isso vai dar? Evitar tal questão equivaleria a alienação.

"*Viemos ao mundo como um arbusto que pode arder como o de Moisés*". Como todos sabem, a narrativa bíblica apresenta Moisés diante de uma sarça ardendo em fogo, sem se consumir.[26] Moisés permanecia ali diante daquele mistério, com a percepção da presença de algo-outro que é potência em que as coisas podem ter um destino diferente da evidente morte e caducidade. Podemos, então, arder como o arbusto de Moisés "*ou secar*" na aridez pessoal.

2005, pp. 55-203. Cf. também SAVIAN FILHO, Juvenal. (Org.). **Empatia: Edmund Husserl e Edith Stein**. São Paulo: Loyola, 2014.

[25] WOJTYLA, K. La redenzione cerca la tua forma... *op. cit.*, p. 153.

[26] Êxodo 3, 2-4.

E Wojtyła continua:

> As trilhas precisam ser sempre reabertas para que não voltem a se fechar,
> precisam ser sempre reabertas para que não sejam direitos
> na simplicidade e maturidade de cada instante:
> eis, cada instante se abre ao tempo inteiro;
> ultrapasse a ti mesmo
> e encontre uma semente de eternidade.[27]

"*As trilhas precisam ser sempre reabertas para que não voltem a se fechar*": é preciso partir sempre de nossa humanidade, sempre de novo. As trilhas "*precisam ser sempre reabertas para que não sejam direitos*", ou seja, para que não se tornem objeto de minha reivindicação como se eu estivesse instalado em meu lugar e esperasse que os acontecimentos se dessem em torno de mim sem meu posicionamento; como se o mundo devesse girar à minha volta ao invés de eu mesmo me lançar nas circunstâncias abrindo e reabrindo as trilhas, os espaços de vida e percurso de elaboração da experiência. "*Precisam sempre ser reabertas (...) na simplicidade e na maturidade de cada instante*". Cada instante tem simplicidade e maturidade: é o que está acontecendo e um convite à amplitude. "*Eis, cada instante se abre ao tempo inteiro*", porque a cada instante preciso afirmar o que fazer com a própria vida. O que afirmar? "*Ultrapasse a ti mesmo e encontre uma semente de eternidade*": vá além da autoafirmação reconhecendo correspondências que abrem à vida, e você conhecerá algo que arde, queima, sem destruir:[28] o

[27] WOJTYLA, K. La redenzione cerca la tua forma... *op. cit.*, p. 153.

[28] Sobre a distinção entre autoafirmação e afirmação do próprio ser, cf. MAHFOUD, M. **Experiência elementar em psicologia**... *op. cit.*,

próprio coração com exigências indestrutíveis e a própria realidade a nos fazer convites incessantes.[29] É apenas uma pequena semente, discreta, mas é a possibilidade de afirmar no presente um posicionamento próprio diante do novo que continuamente reaparece. É uma semente, mas é de eternidade. Experiência simples e madura que pode se dar no instante, num gesto pessoal, na dor de uma própria reação, no drama da ardente ferida humana aberta, na responsabilidade de um projeto, na lembrança de uma pessoa cara que já se foi... É nessa liberdade de afirmar o que radicalmente interessa, afirmando a dimensão que vai além, que se dá a possibilidade de o arbusto arder sem se consumir. É nessa afirmação que se dá a dinâmica da liberdade, com a força de reconstituir um eu, pois, já no início do percurso, há liberdade empenhada.

> Se a liberdade não é o que por natureza deve ser (isto é, energia afetiva que favorece a busca e a adesão ao Infinito) torna-se autodestrutiva. Hostil à natureza mesma do próprio coração; destrutiva da natureza do homem. A liberdade que quer tão-somente afirmar a si mesma, odeia, nega o Outro. Mas assim o homem termina por autodestruir-se.[30]

Frequentemente perdemos a liberdade, perdemos a capacidade de autodeterminação, nos tornamos hostis à estrutura mesma do próprio coração, que é de busca, de afirmação da totalidade, de abertura ao infinito. "*A liberdade*

Capítulo I, item 7: *Afirmar as exigências: possibilidade do conhecimento* e Capítulo IV, item 2.1: *Liberdade, vontade e autoafirmação.*

[29] MAHFOUD, Miguel. Coração como núcleo pessoal: contribuições de Luigi Giussani. In HOFFMANN, Anette; OLIVEIRA, Leda Menescal de; MASSIMI, Marina. **Polifonias do coração**. Ribeirão Preto (SP): Fumpec, 2014, pp. 117-138.

[30] GIUSSANI, L. Intervista a Monsignor Luigi Giussani... *op. cit.*, p. 193.

que quer tão-somente afirmar a si mesma, odeia, nega o outro. Mas assim, o homem termina por autodestruir-se", seca, se consome. Portanto, afimar o mistério que se insinua na experiência é liberdade. Ainda que limitado no tempo, no espaço, limitado em sua consistência, um gesto livre assim é possibilidade de constituir o sujeito, tem a potência de autodeterminação. O acontecer mesmo da liberdade é um mistério. Ultrapassar a própria descrição de si e colher a totalidade afirma o próprio ser como arbusto que arde em fogo sem se consumir.

"Teu nome nascia do que fitavas"

Wojtyła chega ao ponto-chave de seu poema na terceira parte intitulada "*O nome*", que assim tem seu início:

> Teu nome nascia entre as primeiras pessoas que viam o caminho que percorrias, onde abrias passagem para ti.
> Em meio à multidão, a caminho do local do Suplício – foi de repente que abriste para ti um espaço ou o abrias desde o início?
> E desde quando? – diga-me, Verônica.
> Teu nome nascia no mesmo instante em que o coração se tornava efígie: efígie da verdade.
> Teu nome nascia do que fitavas.[31]

"*Teu nome*" – indicativo de quem você é, da identidade no sentido profundo – se define pela marca que sua pessoa recebe no ato do reconhecimento do outro. Sua pessoa é marcada por aquilo que você fixa ao olhar: se você mira os contornos frágeis e abstratos, você fica marcado por isso e

[31] WOJTYLA, K. La redenzione cerca la tua forma... *op. cit.*, p. 155.

se torna figura desse reconhecimento; se você elabora a experiência apenas no nível das reações, você se torna figura delas. Por outro lado, se você reconhece com interesse uma presença no vívido relacionamento, você é marcado por ela, você se torna figura bem delineada dela, torna-se *efígie*. Seu coração é marcado e ressoa aquilo que você escolheu mirar. "Onde está o teu tesouro, aí está teu coração".[32] É por isso que você tem capacidade de autodeterminação: você escolhe onde depositar o olhar e daí derivam várias determinações. Aceitando o convite que a realidade lhe faz para deitar o olhar numa dimensão profunda, sua presença a ressoa.

"*Teu nome nascia entre as primeiras pessoas que viam os caminhos que percorrias*". Como vimos, o constituir-se do sujeito se dá na relação com o infinito, com uma presença infinita, que começa a acontecer no relacionamento concreto com alguém. Quando Verônica começou a olhar para a figura daquele homem, quando atraída quis se dirigir a ele com um gesto que o afirmasse, que fosse um cuidado para com ele, então, – o poema diz – é como se um espaço se abrisse, é como se um largo se formasse e abrisse a possibilidade de se lançar aproximando-se dele: Verônica foi se apertando em meio à multidão, empurrando com os ombros e cotovelos, abrindo espaço para si e, na medida em que avançava em direção a ele, abria-se mais espaço: as pessoas reconheciam ali uma relação intensa, davam-se conta de que ela estava reconhecendo algo diverso; impactadas com o movimento dela, também abriam espaço. Ali começava seu nome: Verônica, "*efígie da verdade*".

Giussani,[33] comentando o poema de Wojtyła, contempla Verônica como pessoa anônima, mas de repente a

[32] Mateus 6, 21.

[33] GIUSSANI, L. **L'io rinasce in un incontro**... *op. cit.*

multidão começara a se apertar para dar espaço, por curiosidade por aquela tensão humana que se tornava um acontecimento. Assim ela saíra do anonimato. Sem necessidade de dizer quem era seu pai, ou de narrar seu percurso social... Seu nome, sua identidade é dada por aquela tensão naquele relacionamento, pela qual tem um lugar no mundo.

Assim também se constitui o eu de cada um de nós. Mirando a pessoa se mover com seus desejos e suas exigências constitutivas e buscar algo de correspondente[34], nós profissionais seremos dentre as primeiras pessoas a reconhecer uma tensão em ato abrindo caminhos e possibilidades realmente pessoais. O fato de eu ser presença para o outro (o fato de ter consciência da relação com o infinito, da relação com o mistério me torna presença) pode abrir caminho para que a busca dele se torne mais intensa, mais humana e profunda, mais pessoal, definindo seu rosto pessoal, sua identidade. Assim, aquele outro se torna presença para mim, que estou acompanhando seu processo. Posso, então, novamente escolher: posso, nesse momento, depositar o olhar na descrição do indivíduo ou aceitar o convite de um movimento misterioso. Por aquela relação com o infinito constituindo a ambos (a consistência pessoal nasce daquilo que cada um fita) um é para o outro uma presença pessoal e significativa. Um é para o outro um convite para fitar o mistério: um relacionamento em que os espaços vão se abrindo à medida que o reconhecimento afirma o mistério e afirma com liberdade cada um dos sujeitos, superando sutis anonimatos.[35]

[34] GIUSSANI, L. **O senso religioso...** *op. cit.* Cf. também Cf. também GIUSSANI, L. **L'autocoscienza del cosmo...** *op. cit.*

[35] Sobre a percepção do mistério como importante fator do estabelecimento de relação-de-ajuda, cf. MAHFOUD, Miguel. O

Giussani comenta aquele mesmo trecho do poema de Wojtyła:

> "*Teu nome nascia do que fitavas*". Imaginem Jesus indo ao patíbulo e todo o povo em volta, anônimo. Naquela multidão anônima uma mulher o olha, o fita, e abre-se um largo em sua direção. Imaginem as pessoas que tinham de apertarem-se para deixá-la passar. Então Ele começou a olhá-la: aquela mulher, anônima na multidão, tornou-se presença do que fitava, pertencia ao que fitava. A sua pessoa pertencia àquele homem que ela fitava: poderiam esmagá-la e linchá-la. A multidão é este mundo que nos circunda; multidão anônima, insensata, porque não tem consciência do sentido, isto é, do destino.[36]

Em outra passagem Giussani comenta também:

> "*Teu nome nascia entre as primeiras pessoas que viam o caminho que percorrias, onde abrias passagem para ti.*" Verônica era uma mulher como tantas outras, que seguia Jesus na multidão. Mas quando, marcada por aquele rosto, ela abriu espaço para si com os cotovelos e com os ombros – imaginemos –, todos se puseram a olhá-la.[37]

...Verônica tornara-se presença.

Dostoiévski, em *O idiota*[38] (que recebeu uma magnífica versão cinematográfica do diretor japonês Akira Kurosawa),

eu, o outro, o movimento em formação. In Sociedade de Psicologia de Riberião Preto (Org.) **Anais da XIX Reunião Anual da Sociedade de Psicologia de Riberião Preto**. São Paulo: SPRP, 1988, pp. 545-549.

36 GIUSSANI, L. **L'io rinasce in un incontro**... *op. cit.*, p. 85.

37 GIUSSANI, L. **Un avvenimento di vita**... *op. cit.*, p. 437.

38 DOSTOIÉVSKI, Fiódor. **O idiota**. Tradução de Paulo Bezerra. 3a ed. São Paulo: Editora 34, 2010.

apresenta uma figura estranha, quase desprezível, mas que tinha um forte reconhecimento do mistério no real: esteve para ser executado na guerra por um pelotão de fuzilamento mas não foi morto (maravilhamento pela própria existência); experiência de dor pelo mundo (empatia e consciência do destino); afirmação de um bem necessário para o mundo (afirmação do outro, gerando relacionamento diverso). Era uma pessoa a quem todos se punham a olhar. Por tal percepção do mistério, o protagonista tinha uma vinculação afetiva diferente com tudo e todos: pertencimento. Ninguém sabia muito bem o que fazer com aquele vínculo: alguns disputavam a afeição dele, outros o instrumentalizavam, outros ainda o desprezavam publicamente... Todos, no entanto, em alguma situação difícil, buscavam a companhia dele. Trata-se de figura cheia de limites e ao mesmo tempo uma presença excepcional.

O poema de Wojtyła comenta também a intensidade de busca de Verônica, como figura emblemática do ser humano: estava, como todos, meio curiosa por aquela agitação; mas de repente, percebeu algo ali – uma presença –, algo de grandioso naquele personagem de aparência horrenda. Justamente por reconhecer algo além do horrendo, ativou-se um enorme desejo:

> Tão intenso, o teu desejo de ver, irmã;
> tão intenso, o teu desejo de sentir que o teu olhar chegara lá;
> tão intenso, o teu desejo de saber que a efígie
> está no coração.
> A visão é um largo da alma.[39]

Sabemos de que profundidade de desejo se trata. Verônica é essa figura que, realizando um gesto, deixa uma

[39] WOJTYLA, K. La redenzione cerca la tua forma... *op. cit.*, p. 155.

marca na história – própria e do mundo. Ficou uma marca do mistério desejado, amado, naquele lenço que ela carregava. Mas seu gesto deixou uma marca em si mesma, no seu desejo, na intensidade do desejo. Deixou uma marca no modo como ela estava na multidão, no modo de estar viva. A visão, a visão da resposta, nos atrai profundamente: um espaço se abre na alma – "*um largo da alma*" – onde viver o próprio percurso do desejo com intensidade.

Cada um de nós pode reconhecer as marcas que a vida deixa em si. Mas a radical marca que precisa ser reconhecida – em si próprio para que se tenha condições de ajudar as pessoas que acompanhamos a reconhecerem também – é a marca que está no "*coração*", a marca nas exigências constitutivas ativadas pelo reconhecimento do mistério.[40] Naquele "*largo da alma*" se dá o reconhecimento das pessoas que estão à volta: é o início de um processo que já não tem fim, vai aprofundando com o aprofundar-se do relacionamento com o mistério nos acontecimentos.

Giussani – ainda comentando o poema de Wojtyła – aponta aquela presença que está além da descrição do imediato, presença que nos faz desejar descrever mais, apreender mais, desejar o significado do que está sendo descrito:

> Ele é o significado da nossa vida, por isso deve incidir no presente, porque o que não é amado no presente não é amado, e o que não é afirmado no presente não é afirmado.
> "*O teu nome nascia do que fitavas*". A lei do existir é o amor, porque o amor é afirmar com o próprio agir algo outro. Toda a vida é função de algo maior. (...).

[40] GIUSSANI, L. **O senso religioso**... *op. cit.* Cf. também GIUSSANI, L. **L'autocoscienza del cosmo**... *op. cit.*

"Busco o Teu rosto".
"Busco o Teu rosto", é a essência do tempo.
"Busco o Teu rosto", é a essência do coração.
"Busco o Teu rosto", é a natureza da razão.[41]

Afirmar a presença – algo outro – é gesto da liberdade, lei da vida. "*A lei do existir é amor*". Mas se não é no presente, se não é no tempo e no espaço, como afirmá-la? Toda a vida, no seu limite, no seu processo histórico, é ocasião para afirmar algo outro. Assim, cada um de nós tem a própria busca. "*Busco o Teu rosto, é a essência do tempo*": O significado do tempo é o acontecer dessa busca ao fitar, ainda que inicialmente, a resposta. "*Busco o Teu rosto, é a essência do coração*": É nessa busca que afirmar algo coincide com realização pessoal. "*Busco o teu rosto, é a natureza da razão*": Razão é abertura para o infinito.[42] Como busco? Como exerço essa abertura? Buscando um rosto, uma presença misteriosa no real, formar relacionamento com ela.

O poema de Wojtyła também coloca a tema tal relacionamento:

Dizes, então:
Quero estar perto, tão perto
que nenhum vazio se apresente
em uma distância de Ti,
que a Tua ausência não volte
com a negação de mim mesma
– por isso estou correndo, o meu coração abre passagem para si mesmo
na escuridão da proximidade.[43]

[41] GIUSSANI, Luigi. **Egli solo è: via crucis**. Cinisello Balsamo (Itália): San Paolo, 2005, pp. 20-21.

[42] GIUSSANI, L. **O senso religioso**... *op. cit.* Cf. também Cf. também GIUSSANI, L. **L'autocoscienza del cosmo**... *op. cit.*

[43] WOJTYLA, K. La redenzione cerca la tua forma... *op. cit.*, p. 155.

Meu desejo se reacende na relação com a presença, assim como sua ausência me deixa disperso. Quero estar perto, tão perto que não haja coisa alguma entre o meu estar buscando e a presença para mim. Por isso, corro: "*o meu coração abre passagem para si mesmo*". Vou empurrando com cotovelos e os ombros, cavando espaço: o meu desejo abre espaço "*na escuridão da proximidade*". Não sei exatamente o que acontecerá nessa proximidade, mas é ali que busco; não sei o que acontecerá quando aceito estar com a pessoa para acompanhá-la, mas é ali que minha busca e o reconhecimento do mistério se lança. Não tenho em mãos os fatores em jogo dessa proximidade, não sei que provocações a pessoa vai colher ou o que ela fará com a provocação, mas é ali que posso afirmar a presença que pode provocar, que pode introduzir algo novo.

Sobre a permanência do desejo e da busca, Giussani comenta:

> A permanência da exigência é a permanência do ser humano ao qual o Mistério responde, sem fim. (...) O paraíso será uma pergunta carregada de sua resposta. (...) Será o saciar-se de um sedento. Pensam que a certeza seja contra a pergunta e não sabem que, ao invés, a torna mais aguda. (...) A pessoa não pode deixá-la jamais, não pode abandonar si mesma, ainda mais diante de uma Presença certa, segura.[44]

A resposta se dá enquanto se dá a busca. Por isso, meu nome vem daquilo que afirmo. Tenho sede, por isso busco, por isso eu vivo a resposta. "*Pensam que a certeza seja contra a pergunta*": é a mentalidade em que todos estamos mergulhados.

[44] GIUSSANI, L. Intervista a Monsignor Luigi Giussani... *op. cit.*, p. 200.

Mas a certeza "*a torna mais aguda*". Uma presença provoca em nós a dor por lidarmos mal conosco mesmos.

> O que deveria explodir deveria ser a *minha* experiência elementar e isto faria "tremer" a deles.[45]

Para que possamos contribuir com o desejo profundo das pessoas que acompanhamos, é preciso que o meu reconhecimento da presença se torne mais pleno. Eu é quem preciso afirmar o mistério, no vivo da relação pessoal. Ao viver o relacionamento com o infinito, a experiência da outra pessoa poderia tremer: abalados os contornos já formatados, vibração pelo que realmente interessa.

Não o vivenciamos diante até mesmo de alguns textos em que de algum modo apreendemos uma presença? Encontramos uma vibração própria diante de textos que a rigor seriam como tantos outros: num livro de papel e tinta, escrito com as mesmas palavras que estão no dicionário, encontramos uma vibração que abre espaço para que tenhamos uma consciência nova de nós mesmos e um desejo de enfrentar as nossas condições reais, desejo de conhecer algo que valha a pena: vibração de nossa experiência elementar a partir da vibração (ou "*explosão*") daquela do autor.

Giussani[46] pronuncia aquela frase sobre a "*explosão*" da experiência elementar ao comentar sua presença no Japão junto a monges budistas do Monte Koya: sua relação com o mistério abriria espaço para a relação com o mistério vivenciada pelo outro. De fato, historicamente se deu assim: por mais de uma década aqueles monges saiam anualmente do mosteiro japonês para irem à Itália encontrar Giussani. De

[45] *Idem*, p. 202.

[46] GIUSSANI, L. Intervista a Monsignor Luigi Giussani... *op. cit.*

fato, ele abriu espaço para a busca do outro, contemplando todas as diferenças. A afeição ao mistério se dá na afeição a certas relações, a ponto de se configurar como pertença.

O poema de Wojtyła comenta a proximidade entre os que reconhecem a presença:

> Ninguém te deteve, Verônica.
> Estás próxima. E teu lenço é agora um grito dos corações,
> de todos os corações tímidos que – muitos – não abrem passagem para si
> vendo que o teu caminho é paralelo
> à estrada do Condenado.[47]

O caminho estava aberto por aquele olhar, por aquela relação com ele, por aquele reconhecimento de uma diversidade humana. A marca, própria dela, abre passagem, permite, de algum modo, o grito de quem não podia gritar. Permite viver a dor, a quem não podia vivê-la.

Que presença nós somos? Carregar consigo as nossas marcas, de um modo tal que o outro, "*tímido*" quanto a apostar na própria experiência, quanto a fazer seu próprio percurso, possa começar a ter esperança, desejar, intuir que vale a pena, possa reconhecer e afirmar que aquela voz insistente dentro de si não é ilusão, não está no mesmo patamar das diversas opiniões ao redor.

Não se trata de caminhos paralelos: não são pontos em linhas que nunca se encontram (o que nos deixaria na solidão da incompreensão). Ainda que distantes, se algo nos liga, cria-se um espaço novo onde há reconhecimento de humanidade e relação vivida.

[47] WOJTYLA, K. La redenzione cerca la tua forma... *op. cit.*, p. 155.

Autoconsciência e presença que permanece

Diz Wojtyła na quarta parte de seu poema, intitulada "*Redenção*":

> Todos já passaram, ficaste sozinha.
> Naquele lenço há a marca do contato, ali te restauras de teus próprios passos.
> Uma forma de vida com a qual não podes ficar bem ao consenti-la.
> Pela fresta escapa o que lhe é mais íntimo.[48]

Sozinhos, diante daquela marca radiante da presença, se restaura a dor do próprio percurso pessoal, temos a coragem de dizer "não é bem por aqui, algo não está no lugar". Só podemos ter tal liberdade diante dessa marca definida pela presença. Então, o que era mais íntimo, escondido até para si mesmo, começa a ter lugar. Verônica pode sentir dor pelo próprio limite: faz parte do desejo de ir além, faz parte da afeição por aquele homem-presença.

De fato, Giussani afirma que "a fonte da moralidade é pertencer à presença".[49] O desejo de bem e de verdade para si mesmo não nasce porque alguém aponta os defeitos, mas uma pertença que restaura. A fonte da moralidade é o relacionamento com uma presença.

A marca em si mesmo traz uma condição paradoxal: proximidade e distância – nos aponta Wojtyła:

> Proximidade que doa novamente a forma.
> Ele partiu. Se um homem parte, a proximidade escapa como um pássaro: no fluir do coração resta um vazio onde irrompe a nostalgia.

[48] WOJTYLA, K. La redenzione cerca la tua forma... *op. cit.*, p. 157.
[49] GIUSSANI, L. **Un avvenimento di vita...** *op. cit.*, p. 436.

Nostalgia: fome de proximidade.

Não basta mais a efígie, é um sinal do distanciamento.

A REDENÇÃO é a contínua proximidade DAQUELE QUE PARTIU.[50]

É fugidia, a presença. Quero descrevê-la toda, mas é imperscrutável. Resta um *vazio*, aquele vazio que Verônica não queria. Mas Wojtyła aponta a *nostalgia* como "*fome da proximidade*". Note a positividade afirmada. Não basta mais a efígie, não basta a marca por si própria: no lenço ou em mim mesmo: seria sinal de distanciamento. Se ele deixasse uma marca em mim mas não estivesse mais comigo, eu seria condenado a permanecer ligado a quem está distante. Mas a redenção, diz Wojtyła, "*é a contínua proximidade daquele que partiu*". De algum modo é fugidio, inacessível, mas naquele olhar, naquela afirmação, reconheço uma proximidade que continua, uma iniciativa da presença misteriosa em relação a mim que continua. Não continua apenas numa marca do passado. A marca do passado não me deixa esquecer ou me leva a reconhecer uma presença que se reapresenta continuamente: eis a redenção, "*a contínua proximidade daquele que partiu*".

Distanciamento:
permanecer com a inquietude da forma
que nenhum olhar pode chegar a adentrar,
nenhum Rosto.

Proximidade:
partiste, no entanto ainda me transpassas; com o olhar de longe,

[50] WOJTYLA, K. La redenzione cerca la tua forma... *op. cit.*, p. 157.

> que irradia do Rosto impresso no lenço, fazes surgir a paz, aquela que minha forma inquieta está sempre buscando.
>
> Paz: unidade da existência.[51]

Quero pegar as feições, mas me escapam. Dá-se uma inquietude. Mas dá-se também uma proximidade. "*Partiste, no entanto ainda me transpassa*": aquele olhar me constitui hoje, novamente aquele olhar carrega um amor para mim, na condição em que vivo agora. Ainda me transpassas: com o olhar de longe ainda me transpassas com todas as características de uma presença. Ao lermos alguns textos, mesmo de autores falecidos há tempo, muitos de nós dizem: "ele me conhece; ele escreveu para mim. Há uma iniciativa do mistério para comigo, agora". "*Partiste, no entanto ainda me transpassas; com o olhar de longe, que irradia do Rosto impresso no lenço, fazes surgir a paz*". Faz surgir a paz, "*aquela que minha forma inquieta está sempre buscando*". Continuo inquieto, continuo buscando, mas é na sede que reconheço a resposta; e a resposta é um olhar que me transpassa, uma presença que é iniciativa para comigo. Aquilo que eu tenho como marca é revitalizado por essa iniciativa atual do mistério do relacionamento. Hoje, sou feito novamente: vivo. Hoje, o ser é dado a mim novamente. Hoje, sou convidado a afirmar algo. O convite de hoje irradia a marca que recebi há tanto tempo. Esclarece o que era aquela experiência. Eis a "*redenção*". Há dor da distância e alegria da proximidade; e essa unidade da existência chama-se "*paz*".

> Da pertença à presença (...) nasce um olhar positivo e amoroso ao existente que é análogo à capacidade

[51] WOJTYLA, K. La redenzione cerca la tua forma... *op. cit.*, p. 157.

> original da razão. Como a razão é consciência da realidade segundo a totalidade de seus fatores, assim a feição ao existente que nasce da imanência ao fato (...) abraça tudo, segundo a totalidade de seus fatores, sem esquecer nada. Por isso, juntas, alegria e dor. É isso que se chama paz. Como diz Paul Claudel em *Anúncio feito a Maria*, "a paz é feita, em partes, de dor e alegria".[52]

Da pertença, o olhar positivo e amoroso; o olhar ao existente, então, é abertura (capacidade original da razão) e juntas, alegria e dor, sem negar nada, possibilita paz.

> A tua figura, Verônica, ainda se delineia contra o fundo do dia
> que está morrendo.
> Busque a quietude na fonte fecunda.
> Eu a chamarei de redenção.
>
> O lenço que em tuas mãos se esconde atrai para si toda a inquietude
> do mundo.
>
> Cada criatura pedirá esta fonte fecunda que de ti jorra ,
> Verônica irmã.[53]

Ao pôr do sol, Verônica, sozinha, na penumbra, diante daquela marca misteriosa. Pode se dar a apatia do abandono da própria experiência (quando a sarça queima, o arbusto se torna árido) ou pode ser ocasião de colocar-se diante do mistério, buscando "*a quietude na fonte profunda*". O lenço

[52] GIUSSANI, L. **Un avvenimento di vita...** *op. cit.*, p. 439.
[53] WOJTYLA, K. La redenzione cerca la tua forma... *op. cit.*, p. 159.

nas mãos, um dos tantos sinais concretos da história, "*atrai para si toda a inquietude do mundo*", o humano "*solo em comum*". Que consciência intensa Verônica podia ter daquele homem, do coração humano, do mistério da proximidade de quem se foi, da marca deixada por ele e que permanece. Que consciência intensa de si, da realidade, do mundo, naquele instante! Consciência intensa que faz dela uma figura presente na história.

"*Cada criatura pedirá esta fonte fecunda que de ti jorra*". Jorra dela, consciente do mistério; jorra dela, o mistério. E cada um de nós pode ter o desejo aceso novamente, o desejo do mistério e o desejo de ser mais verdadeiro consigo mesmos. "*Verônica irmã*". Somos feitos da mesma matéria, compartilhamos solo comum e destino comum.

> Mendicância do Mistério, compreendendo que pode haver algo maior do que nós.
> É somente frente à resposta adequada que a pergunta (ou pedido) vem a ser percebida em seus fatores, em sua verdade.[54]

A resposta é a presença do mistério. Ao voltarmo-nos para ele pedindo ele mesmo, pedindo sua permanência, sua iniciativa de novo, cria-se uma relação que reacende a nossa própria pessoa e a do outro que acompanhamos.

"*A Redenção buscava a tua forma para entrar na inquietude de todo homem*". É a última frase que também dá título ao poema de Wojtyła.[55] Giussani assim a comenta:

> "*A Redenção* [a felicidade do homem] *buscava a tua forma para entrar na inquietude de todo homem.*".

[54] GIUSSANI, L. Intervista a Monsignor Luigi Giussani... *op. cit.*, p. 198.
[55] WOJTYLA, K. La redenzione cerca la tua forma... *op. cit.*, p. 159.

> É através de pessoas como Verônica que a redenção encontra espaço para entrar na inquietude dos homens.
>
> Cada um de nós é chamado a ser como Verônica, de tal modo que o nome que se tem diante de si mesmo, diante de sua mulher, diante de seus filhos, em público, nasça do rosto (...) que atrai o seu olhar: "O teu nome nascia do que fitavas.". De outro modo, o olhar humano fica disperso, e até a polarização em direção à mulher ou ao homem, em direção à criança, em direção ao dinheiro ou ao trabalho, não seria outra coisa que polarização de estúpidos.[56]

"*Teu nome nascia do que fitavas*". De outro modo ficaríamos dispersos com nossos próprios desejos e interesses, correndo atrás de coisas. Buscaríamos sem porquê.

> Toda a moralidade se reconduz ao fato (...) que um homem ame o seu destino que se tornou presente. (...) "Uma situação análoga se dá com quem percebe que uma certa pessoa tomou um significado essencial. Pode acontecer de um modo tão potente que tudo, mundo, destino, tarefa, se atua através da pessoa amada; ela está como que contida em tudo, tudo faz lembrar dela, a tudo ela dá sentido. Na experiência de um grande amor todo o mundo se concentra na relação eu-tu e, naquele âmbito, tudo o que acontece se torna um acontecimento." (Romano Guardini) (...) Não há quem não seja chamado a isso.[57]

"*Toda moralidade*", afirmação do bem, da verdade, "*se reduz ao fato de que um homem ame o seu destino que se*

[56] GIUSSANI, L. **Un avvenimento di vita...** *op. cit.*, p. 437.

[57] *Idem*, pp. 436-437.

tornou presente", ame o seu destino numa relação real, ame seu destino numa situação específica, numa dor ou numa alegria, presente desde o passado. "*Toda a moralidade se reduz ao fato que um homem ame o seu destino que se tornou presente*", que a pessoa ame o seu percurso a realizar, que se faz presente como convite na própria experiência, provocado pela presença de alguém. Que o ame. Ame a possibilidade que se vislumbra na experiência real. Essa afirmação, tão misteriosa, se dá no que há de simplesmente muito humano. A presença amada está como que contida em tudo. Tudo remete a ela. A tudo, dá sentido. "*Não há quem não seja chamado a isso*".

Referências

BEDOUELLE, Guy.; BORGONOVO, Graziano.; CLÉMENT, Olivier; OLINTO, Antonio. RIES, Julien. **Gli uomini vivi si incontrano: scritti per Luigi Giussani**. Milano: Jaca Book, 1992.

BORGHESI, Massimo. **Luigi Giussani: conoscenza amorosa ed esperienza del vero: um itinerário moderno**. Bari (Itália): Pagina, 2015.

BRANDÃO, Sílvia Regina. A pessoa em Romano Guardini: um desafio à autonomia e desamparo do homem contemporâneo. **Memorandum**. 10 (2006), pp. 147-156. Consultado em www.fafich.ufmg.br/~memorandum/a10/brandao01.htm em 25 de janeiro de 2017.

BUZZI, Elisa. (Org.). **A generative thought: an introduction to the works of Luigi Giussani**. Montreal: McGill Queen's University Press, 2003.

CHIOSSO, Giorgio (Org.). **Sperare nell'uomo: Giussani, Morin, MacIntyre e la questione educativa**. Torino (Itália): SEI, 2009.

Di MATINO, Carmine. **El conocimiento siempre es un acontecimiento**. Tradução de I. de los Reyes Melero. Madrid: Encuentro, 2010.

DOSTOIÉVSKI, Fiódor. **O idiota**. Tradução de Paulo Bezerra. 3a ed. São Paulo: Editora 34, 2010.

FREIRE, Paulo. **Educação como prática da liberdade**. 31a ed. Rio de Janeiro: Paz e Terra, 2008.

GIUSSANI, Luigi. Intervista a Monsignor Luigi Giussani. A cura di P. Antonio Sicari. **Communio** (edição italiana). 98-99 (1988), pp. 182-217.

GIUSSANI, Luigi. **Un avvenimento di vita, cioè una storia: itinerario di quindici anni concepiti e vissuti**. Roma: Il sabato, 1993.

GIUSSANI, Luigi. **L'autocoscienza del cosmo**. Milano: Biblioteca Universale Rizzoli, 2000.

GIUSSANI, Luigi. **Educar é um risco: como criação de personalidade e de história**. Tradução de Neófita Oliveira. São Paulo: Companhia ilimitada, 2004.

GIUSSANI, Luigi. **Egli solo è: via crucis**. Cinisello Balsamo (Itália): San Paolo, 2005.

GIUSSANI, Luigi. **O senso religioso**. Tradução de Paulo Afonso E. Oliveira. Brasília: Universa, 2009.

GIUSSANI, Luigi. **L'io rinasce in un incontro**. Milano: Rizzoli, 2010.

GUARDINI, Romano. **Mondo e persona: saggio di antropologia Cristiana**. Tradução de Giulio Colombi. Brescia (Itália): Morecelliana, 2000.

KONRAD, Michael. **Tendere all'ideale: la morale in Luigi Giussani**. Genova (Itália): Marietti, 2010.

LÓPEZ, A. Growing human: the experience of God and of man in the work of Luigi Giussani. **Communio** (edição estadunidense), 37 (2010), pp. 209-242. Consultado em http://www.communio-icr.com/files/lopez37-2.pdf em 25 de janeiro de 2017.

MAHFOUD, Miguel. O eu, o outro, o movimento em formação. In Sociedade de Psicologia de Riberião Preto (Org.) **Anais da XIX Reunião Anual da Sociedade de Psicologia de Riberião Preto**. São Paulo: SPRP, 1988, pp. 545-549.

MAHFOUD, Miguel. Acompanhamento de jovens na verificação pessoal de uma hipótese educativa. In OLIVEIRA, Neófita. & CAPITANIO, Giorgio. (Org.s). **Vida e trabalho: o risco de educar**. Belo Horizonte: AVSI, 2008, pp. 133-152.

MAHFOUD, Miguel. La dimensione della responsabilità nella motivazione dell'operatore e nella libertà del soggetto. In: 3° Convegno Operatori Psicosociali, 2010, Verona (Itália). **Atti del 3° Convegno Operatori Psicosociali**. Milano: Medicina & Persona, 2011, pp. 73-85.

MAHFOUD, Miguel. **Experiência elementar em psicologia: aprendendo a reconhecer**. Brasília: Universa; Belo Horizonte: Artesã, 2012.

MAHFOUD, Miguel. Coração como núcleo pessoal: contribuições de Luigi Giussani. In HOFFMANN, Anette; OLIVEIRA, Leda Menescal de; MASSIMI, Marina. **Polifonias do coração**. Ribeirão Preto (SP): Fumpec, 2014, pp. 117-138.

MARTINS, João Gomes. Experiência e subjectividade em Claude Romano. In CANTISTA, Maria José (Org.). **Desenvolvimentos da fenomenologia na contemporaneidade**. Porto (Portugal): Campo das Letras, 2007, pp. 167-213.

MASSIMI, Marina. Compreender a estrutura da pessoa: diálogo entre fenomenologia e filosofia aristotélico-tomista, por Edith Stein. In MAHFOUD, Miguel & MASSIMI, Marina (Org.s). **Edith Stein e a psicologia: teoria e pesquisa**. Belo Horizonte: Artesã, 2013, pp. 101-126.

ROMANO, Claude. **Lo posible y el acontecimiento.** Tradução de Aníbal Fornari, Patricio Mena & Enoc Muñoz. Santiago de Chile: Universidad Alberto Hurtado, 2008.

ROMANO, Claude. **El acontecimiento y el mundo.** Tradução de Fernando Rampérez. Salamanca (Espanha): Sigueme, 2012.

SANTOS, José Eduardo Ferreira. Como levar a sério o desejo do jovem? In OLIVEIRA, Neófita. & CAPITANIO, Giorgio. (Org.s). **Vida e trabalho: o risco de educar**. Belo Horizonte: AVSI, 2008, pp. 101-131.

SAVIAN FILHO, Juvenal. (Org.). **Empatia: Edmund Husserl e Edith Stein**. São Paulo: Loyola, 2014.

SCOLA, Angelo. **Un pensiero sorgivo: sugli scritti di Luigi Giussani**. Milano: Marietti, 2004.

SIMONCINI, Andrea; VIOLINI, Lorenza; CAROZZA, Paolo & CARTABIA, Marta. **Esperienza elementare e diritto**. Milano: Guerini, 2011. (Collana Punto di fuga; 11).

STEIN, Edith. Sobre el problema de la empatía. In STEIN, Edith. **Obras completas. v.II: Escritos filosóficos (Etapa fenomenológica: 1915-1920)**. Tradução de Francisco Javier Sancho e col. Vitoria (Espanha): El Carmen; 2005, pp. 55-203.

WOJTYLA, Karol. La redenzione cerca la tua forma per entrare nell´inquietudine di ogni uomo. In WOJTYLA, Karol. **Tutte le opere letterarie: poesie, drammi e scritti sul teatro**. Edição bilíngue polonês - italiano. (Sem indicação de tradutor). Milano: Bompiani, 2001, pp. 148-159.

Experiência primordial

Stanislaw Grygiel

A experiência primordial[1] se dá no viver imediato – sem lidar com ele experimentalmente, sem adequá-lo à nossas opiniões –, cria o espaço em que a pessoa humana se revela e se realiza. A experiência primordial nos coloca diante da Presença do Outro em cada imediato. Ele se faz presente nos seres imediatamente dados com o Seu agir, não com o Seu ser. A Sua Presença se manifesta ao iluminar-nos, o que nos permite compreender cada imediato – inclusive o nosso próprio ser – como ele é no princípio (*en arché*). Por isso, a experiência primordial não depende de nossa razão, ainda que exija a ação dela. Graças à Presença do Outro, a razão é conduzida na medida em que se abre para acolher os seres junto ao Outro presente a nós.

O Outro está sempre, e em toda parte, presente. O homem é que nem sempre, e nem em todo lugar, O aceita. Não está disposto a entrar sem reservas na experiência primordial: é preciso adequar-se ao incondicionado, o que significa mudar a vida. Ele se afirma nos experimentos, fundamentados na razão, e em seus interesses; ou nos seres vistos e tratados como fonte de energia. Esse materialismo deforma a experiência primordial e destrói a pessoa humana como *intentio alterius* (direcionada ao outro).

[1] Tradução de Miguel Mahfoud do original em italiano.

Na experiência primordial, o homem vem a ser com-preendido pelo resplandecer do Outro no imediato dos seres. Resplandecendo no imediato, o Outro se doa ao homem de modo específico: chamando-o para sair desse imediato e ir além. A contingência do próprio ser faz com que o ser humano se torne *magna quaestio*: "De onde venho e para onde vou?". Ao se tornar, ele próprio, essa pergunta – que é pergunta primordial –, o homem vive segundo a lógica própria do perguntar: adequando-se ao que não está nem aqui nem lá; adequando-se ao imediato na medida em que o luzir do Outro o torna verdade e bem. Na experiência primordial, então, o homem se vê numa encruzilhada: ir avante ou não; fazer a conversão ou continuar na imanência do *status quo*.

Quem evita acolher o que reluz no imediato dos seres (isto é, quem não se converte) toma tudo como jogo da própria razão (inclusive o Juízo Final). Naquele jogo, a pessoa, negando si mesma como acontecimento de direcionamento ao Outro presente nos outros, se dilui na solidão, onde se torna perversa. "Não é bom que o homem esteja só".[2] Privado da nascente, o rio seca; assim como a árvore apartada de suas raízes. Em outras palavras, a salvação de cada imediato está no Outro – e ela está sempre um pouco a frente de nós.

Acolher e doar constituem a natureza da pessoa, ou a sua essência, entendida como *principium agendi*. A pessoa, então, é um acontecimento de revelar-se mutuamente, uma a outra. Nesse revelar-se se constitui o "nós" em que habitam, que é amor e a morada. E nessa casa se fundamenta a justiça delas e, então, a moral delas. A doação de si chama e, ao chamar, intima a pessoa chamada a ser dom, a doar-se, também. Por isso, só o amor poderá fazer justiça ao amor. O

[2] Gênesis 2, 18.

amor que não é amado fica mal, é um sem-teto. Ou seja: na experiência primordial bate o coração metafísico da moral.

No "nós", um é centro para o outro: é a ordem do amor. Tal ordem nasce do gesto de confiar-se um ao outro, é gerada ao acolherem-se um ao outro e ao serem acolhidos um pelo outro.

O "nós", então, é um acontecimento da liberdade: se realiza no amor, na fé e na esperança, nos quais o dom da liberdade vem a ser revelado e realizado. No "nós" acontece a salvação do homem.

Porém, o homem não salva o homem, mesmo que o prometa; o "nós", puramente humano, desilude. Mas, no "nós" humano, transparece o Outro, e transparece um outro "Nós". É o Outro – cuja Presença se faz sentir no "nós" edificado pelos homens – quem salva.

O desejo que se expressa na pergunta primordial (*magna quaestio*), orientando o homem para além do imediato, torna-o espírito, no qual se manifesta a verdade que ele é e que ele deve buscar. Deve buscar porque a verdade que ele é não coincide com o imediato do seu ser humano; ela apenas transparece nele. A verdade do homem o transcende. Ela o alcança junto com o Outro inefável e indizível que, delineando-se no desejo do coração humano, torna também o homem uma realidade indizível. O desejo que o homem é, indica a verdade confiada ao seu trabalho e o torna sim-bólico. Desse desejo, nasce a poesia.

A intencionalidade da pessoa humana tem duas dimensões: horizontal e vertical. A experiência primordial tem a ver com ambas. A primeira orienta o homem ao imediato, do qual ele necessita; a outra, ao invés, o orienta para além do imediato, em direção ao Outro, o qual transparecendo no imediato dos seres se confia à liberdade laboriosa do amor, da esperança e da fé do homem. Confia-se ao homem não para que ele possa ter mais, mas para que possa ser melhor. Reduzido à intencionalidade horizontal, o homem não encontra a justificação salvífica para si, pois o imediato passa. Do imediato possuído, dá-se a satisfação de necessidades do homem, mas nunca a satisfação do homem mesmo, a satisfação do desejo que ele é. Para a sobrevivência do homem bastaria a justiça própria das necessidades; para a vida digna da pessoa, ao invés, é necessária a justiça própria do Outro, para a qual o acontecimento da pessoa está orientado. Essa justiça – justiça da pessoa – acontece no homem na medida em que ele muda a vida. Baseia-se, então, na liberdade e suas manifestações como o amor, a fé e a esperança, com as quais o homem se inflama.

Pode-se dizer que amor, fé e esperança estão "in-scritos" no homem *intentio alterius*: Não nos voltamos de verdade para alguém sem amá-lo, sem acreditar nele e sem esperar não ser desiludido.

É o Outro que acende esses dons no homem, despertando a Memória, na qual os dons foram "in-scritos" *in illo tempore* (no passado mítico). É o Outro quem acende-os com a Sua Presença em raros instantes, tornando o homem uma sarça ardente.[3] A Memória destes raros instantes verticalmente presentes no imediato horizontal permanece no homem, fazendo com que caminhe para o Outro. A intuição de Platão de que o homem já nasce orientado pela Memória do vertical visto *in illo tempore* (*anamnésis*),[4] não está distante da experiência primordial da pessoa humana. Nessa memória, ouve-se a Voz que chamara Moisés para voltar ao

[3] Cf. Êxodo 3, 1-5; 14-15.

[4] PLATÃO. **Fédon**. Edição bilíngue. Tradução de Carlos Alberto Nunes. Belém: UFPA, 2011. (Diálogos de Platão; 2).

imediato dos seus compatriotas para conduzi-los na direção indicada pelo desejo deles, mas temporariamente sufocado pelo próprio imediato. Somente caminhando assim o homem se orienta pelo luzir do Outro nos seres, enfrentando todos os seres – inclusive o próprio ser – ao invés de apegar-se aos próprios sonhos. Desse modo, o homem se torna *dominus sui*, alguém livre dos produtos da própria razão e da razão dos outros.

O *dominus sui* se serve da razão não mais iluminada por si mesma e pela quantidade de energia fornecida pela matéria, mas pela luz invisível que emana do Outro inefável, da qual sua Memória está repleta. O *dominus sui* escuta a Voz que ressoa na sua Memória, e segue essa Voz. Quando ele a transmite aos outros, exprime-a simbólica e miticamente. Dando expressão à Voz assim, expressa também a própria pessoa. Então, também a estrutura da pessoa é simbólico-mítica, porque simbólico-mítico é o espírito que orienta o homem e o une ao Outro. A pessoa humana, enquanto *intentio alterius,* é constituída pelo imediato dizível que ao mesmo tempo é transfigurado pelo luzir do Outro, indizível mas possível de ser indicado poeticamente. Em outras palavras: A experiência primordial só pode ser narrada com símbolos e mitos. Consequentemente, só com mitos e símbolos pode ser narrado o *dominus sui*, aquele acontecimento de liberdade do amor, da fé e da esperança. Só com ajuda de símbolos e mitos o homem poderá caminhar e buscar o Outro que transparece no imediato exprimível com os conceitos-predicados. Toda tentativa de sair da dimensão simbólico-mítica acabará no fechamento do homem ao pensar e viver somente o imediato, o que destruirá seu ser *intentio alterius*, ou seja, o seu ser pessoa.

A experiência primordial consiste em escutar a Voz e em responder a Ela com a própria presença: "Eis-me aqui!".

A Voz chama o homem e o orienta. Rainer Maria Rilke fala desse diálogo próprio da experiência primordial na primeira das "Elegias de Duíno"[5]:

> Vozes, vozes. Escuta, coração, como outrora somente os santos escutavam: até que o gigantesco apelo levantava-os do chão; mas eles continuavam ajoelhados, inabaláveis, sem desviarem a atenção: eles assim escutavam. Não que tu pudesses suportar a voz de Deus, de modo algum. Mas escuta o sopro, a incessante mensagem que nasce do silêncio.[6]

O diálogo que constitui a experiência primordial "precede" os conceitos e os discursos da razão. Ele acontece no silêncio, em que o homem poeticamente se ajoelha por terra diante da Voz: "Ouvíeis o som das palavras, mas nenhuma figura viam: nada, além de uma voz!".[7] O multilóquio – com que os homens às vezes substituem o silêncio simbólico-mítico da experiência primordial – cai na idolatria dos próprios sons e dos conteúdos portados por eles mesmos.

Sendo que o coração metafísico da moral pulsa na experiência primordial, é natural que também a moral – enquanto diálogo entre Voz que chama e homem que res-

[5] RILKE, Rainer Maria. **Duineser Elegien.** Consultado em http://gutenberg.spiegel.de/buch/duineser-elegien-829/1 em 25 de janeiro de 2017.

"*Stimmen, Stimmen. Höre, mein Herz, wie sonst nur / Heilige hörten: daß die der riesige Ruf / aufhob vom Boden; sie aber knieten, / Unmögliche, weiter und achtetens nicht: / So waren sie hörend. Nicht, daß du Gottes ertrügest / die Stimme, bei weitem. Aber das Wehende höre, / die ununterbrochene Nachricht, die aus Stille sich bildet.*"

[6] Tradução de Paulo Plínio Abreu. Consultado em http://www.culturapara.art.br/opoema/rainermariarilke/elegiaduino.htm em 25 de janeiro de 2017.

[7] Cf. Deuteronômio 4, 12.

ponde – tenha caráter poeticamente criativo. A liberdade do amor, da fé e da esperança é indizível. Dizíveis são somente as proibições dos atos que negam as epifanias da liberdade. A moral, porém, vive na liberdade de amar, criar e esperar.

Na experiência primordial, o homem, convertendo-se dos sonhos à realidade, sai da "*sklerocardia*", a dureza do coração.[8] O coração "esclerosado", incapaz de acolher o imediato irradiado pelo Outro luzindo ali, não consegue conceber os pensamentos belos (Platão)[9], isto é, pensamentos livres e fortes. Suas palavras são "esclerosadas", não são livres, porque não habitam a verdade e o bem aos quais deveriam pertencer. São palavras sem-teto. (Não confundir com liberdade de palavra! A liberdade de poder dizer tudo o que se quiser). As palavras sem-teto funcionam como instrumento manipulável na lógica "usa e descarta". Submetidas a modas e a *scoops*, passam com elas. Somente as palavras livres, mesmo as pronunciadas há séculos, nunca passam. (As palavras de Platão e Agostinho são mais atuais que as de políticos e jornalistas contemporâneos). Por isso, a experiência primordial, a experiência-fonte, é critério de todo o rio da realidade. A linguagem apartada da experiência primordial se esvanece no "predicativismo", perde o caráter poético e profético, não é mais testemunho do Outro sempre presente e sempre um pouco a frente de nós. É uma linguagem que já está morta quando sai da boca, não testemunha o Outro que – mesmo sendo nada, do ponto de vista dos conceitos-predicados – está sempre presente de modo indizível em todos os seres que passam.

A experiência primordial em que o Indizível dialoga com o dizível decide sobre a saúde espiritual e psíquica do

[8] Cf. Isaías 6, 9-10.

[9] PLATÃO. **Fédon**... op. cit.

homem. E a falta de diálogo desse gênero é "cancerígena", assim como toda indiferenciação. Separada da raiz, a árvore se transforma em madeira para queimar.

É o Outro acolhido quem conduz o homem para fora da solidão e da negação de seu ser pessoa (*intentio alterius*). O "êxodo de todo Egito" é um presente que o homem ganha na pré-compreensão de si mesmo. Essa pré-compreensão acende-se na Memória ao encontrar outros homens e se expressa no desejo pelo Outro que transparece nos seres tornando-os *veri, boni et pulchri* (verdadeiros, bons e belos). A metafísica deles surge justamente na experiência primordial; essa metafísica, o homem a encontra na própria Memória: a metafísica é *anamnésis* do Outro. Graças a ela, o homem tem para onde ir; diante dele, o Futuro.[10]

O homem sai da solidão no momento em que se torna *magna quaestio* ("De onde venho? Para onde vou?"), na qual começa e se completa a metafísica. O pensamento que prescinde dessa pergunta é fraco, calcula e industrializa a verdade e o conhecimento, o bem e o amor, o belo e o desejo. Por isso, os frágeis têm tanta verdade e conhecimento, tantos bens e amores, tantas belezas e desejos, tanta liberdade, tanta fé e esperança. Para o pensamento fraco, tudo, mesmo a vida do homem, é um jogo *ad experimentum*.

* * *

O principal inimigo da experiência primordial é o medo de dizer: "*Fiat mihi!*" ("Faça-se em mim!") ao Outro que transparece nos seres que passam. O medroso passa junto com a cena deste mundo. Por isso, o medo tolhe do

[10] Cf. GRYGIEL, Stanislaw. L'uscita dalla caverna e la salita al Monte Moria: saggio su natura e civiltà. **Il Nuovo Areopago**. 19/2-3 (2000), pp. 25-61.

homem a credibilidade. Crível é somente o pensamento dos corajosos, o pensamento de Antígona, dos profetas, porque somente eles se convertem à realidade que não passa, só eles a amam e a conhecem. Nos barracos dos pusilânimes – no dizer de Macbeth de Shakespeare –

> tudo é jogo: a alegria e a honra estão mortas;
> o vinho da vida foi versado só restando a borra,
> a única coisa de que a cantina tem para se vangloriar. [11]

O homem corajoso vive se maravilhando continuamente, e sempre se perguntando: "Como é que eu existo mesmo não podendo existir?". A experiência primordial e sua *magna quaestio* estão plenas desse maravilhamento.

> O *intimum* do homem é cheio de maravilhamento por existir não obstante ele mesmo não seja capaz de existir. Do mistério de seu ser, através do nascimento e da morte, emana a luz própria da pergunta "De onde venho e para onde vou?". Essa luz traz a compreensibilidade de seu ser e também do ser dos outros. Desperta, de fato, a Memória, cuja força o eleva – além de seu nascimento e de sua morte – ao Princípio, isto é, ao Fim do seu ser. A Memória anagógica libera o homem da enfadonha banalidade.[12]

Na experiência primordial, o homem *vive si mesmo como olhado por Outro*. Diferentemente do *le regard* – o olhar

[11] *"All is but toys: renown and grace is dead; / The wine of life is drawn, and the mere lees / Is left this vault to brag of."* (Macbeth, ato 2, cena 3). SHAKESPEARE, William. **The tragedy of Macbeth**. Cambridge (EUA): MIT, 1993. Consultado em http://shakespeare.mit.edu/macbeth/macbeth.2.3.html em 25 de janeiro de 2017.

[12] GRYGIEL, Stanislaw. **Extra comunionem personarum nulla philosophia.** Roma: Lateran University Press, 2002, p. 59.

– de Sartre,[13] aquele olhar do Outro não o torna objeto. O homem se sente olhado na experiência do belo que o chama, e na experiência do remorso, que o corrige. O remorso e o belo defendem e salvam o homem, tornam-no *dominus sui*. João Paulo II disse aos artistas em Bruxelas:

> Este mundo tem necessidade do belo para não cair no desespero.[14]

O belo e o remorso se enraízam no homem justamente na experiência primordial. A experiência do remorso e do belo faz parte essencial da experiência primordial da pessoa humana.

Sendo assim, é na experiência primordial que se inicia a experiência religiosa do homem *quaerens et orans* (desejoso e orante). É na experiência primordial que se inicia a santificação do homem – essa entendida como união com o Outro que, sendo além de toda objetivação, é o único santo. Na experiência primordial o homem se torna outro, isto é, santo, vivendo o dom da liberdade inscrita no seu ser como amor (que tende ao Outro nos outros), como fé (com que se confia ao Outro nos outros), e como esperança (graças

[13] SARTRE, Jean-Paul. **O ser e o nada: ensaio de ontologia fenomenológica**. Tradução de Paulo Perdigão. 22a ed. rev. Petrópolis (RJ): Vozes, 2011.

No final do drama sartriano "*Huis clos*" (Entre quatro paredes), lemos "O inferno são os outros". Cf. SARTRE, Jean-Paul. **Huis clos**. Paris: Hatier: 2001.

[14] A frase ficou célebre desde o pronunciamento de João Paulo II aos artistas em Bruxelas em 1985 (ecoando frase de Paulo VI durante o encerramento do Concílio Vaticano II em 1965). JEAN-PAUL II. Homélie du Pape Jean-Paul II: Sainte messe pour les artistes. Bruxeles, 20 mai 1985. Consultado em https://w2.vatican.va/content/john-paul-ii/fr/homilies/1985/documents/hf_jp-ii_hom_19850520_artisti.html em 25 de janeiro de 2017.

à qual ele sabe que as consequências de seu amor e fé não desiludem).

A esperança primordial, então, se identifica com a conversão das opiniões, como se voltasse o rio para si mesmo, pois a verdade fala de modo não conturbado somente na nascente, quando deixa-se ouvir no escorrer das águas.

Em outras palavras, a experiência primordial abre o homem ao realismo e à santidade próprios da liberdade do amor, da fé e da esperança.

Essa liberdade inicia na experiência primordial e vai infinitamente mais longe. Ela tem caráter esponsal – é intenção do Outro transparecendo nos seres. Os que seguem Seu luzir tornam-se autoridades morais e culturais. Colaborando com o Outro que está presente (que "até aqui vem operando"[15]), cria cultura.[16] Cria cultura, laboriosamente, esperando a salvação.

Referências

GRYGIEL, Stanislaw. L'uscita dalla caverna e la salita al Monte Moria: saggio su natura e civiltà. **Il Nuovo Areopago**. 19/2-3 (2000), pp. 25-61.

GRYGIEL, Stanislaw. **Extra comunionem personarum nulla philosophia**. Roma: Lateran University Press, 2002. (Cathedra)

JEAN-PAUL II. Homélie du Pape Jean-Paul II: Sainte messe pour les artistes. Bruxeles, 20 mai 1985. Consultado em https://w2.vatican.va/content/john-paul-ii/fr/homilies/1985/documents/hf_jp-ii_hom_19850520_artisti.html em 25 de janeiro de 2017.

[15] Cf. 1 Samuel, 7, 12.

[16] GRYGIEL, Stanislaw. L'uscita dalla caverna... *op. cit.*

PLATÃO. **Fédon**. Edição bilíngue. Tradução de Carlos Alberto Nunes. Belém: UFPA, 2011. (Diálogos de Platão; 2).

RILKE, Rainer Maria. **Duineser Elegien.** Consultado em http://gutenberg.spiegel.de/buch/duineser-elegien-829/1 em 25 de janeiro de 2017.

SARTRE, Jean-Paul. **Huis clos**. Paris: Hatier: 2001.

SARTRE, Jean-Paul. **O ser e o nada: ensaio de ontologia fenomenológica**. Tradução de Paulo Perdigão. 22a ed. rev. Petrópolis (RJ): Vozes, 2011.

SHAKESPEARE, William. **The tragedy of Macbeth**. Cambridge (EUA): MIT, 1993. Consultado em http://shakespeare.mit.edu/macbeth/index.html em 25 de janeiro de 2017.

Que significa “ser eu”? O problema da identidade pessoal em Edith Stein

Eduardo González Di Pierro

Para investigar a origem do problema pessoa[1] em Edith Stein – central em toda a sua filosofia, marca antropológica de suas preocupações teóricas – devemos remeter-nos, necessariamente, à sua primeira obra, a tese de doutorado sobre empatia.[2] Ali já é abordada a ideia de pessoa, que viria ser desenvolvida aos poucos, tornando-a um conceito central de toda a sua especulação filosófica.[3]

[1] Tradução de Miguel Mahfoud do original em espanhol.

[2] No prefácio da segunda edição em língua italiana de *Zum Problem der Einfühlung* (*Sobre o problema da empatia*), Angela Ales Bello ressalta que "para compreender o itinerário filosófico da Autora [Stein] é necessário iniciar pela sua primeira obra": indicação metodológica preciosa, pela qual justificamos o fato de, no presente texto, partir do problema da empatia para dar conta posteriormente da problemática em seus diferentes níveis. Cf. ALES BELLO, Angela. Prefazione alla seconda edizione. In STEIN, Edith. **Il problema dell'empatia.** 2a ed. Roma: Studium, 1998, p. 10.

[3] Como apontado por Secretan, pessoa é conceito central na filosofia fenomenológica e religiosa de Edith Stein, podendo-se, portanto, falar de um personalismo steiniano. Claramente muito diferente do que se entende por personalismo em outros contextos, como o personalismo francês (como o de Emmanuel Mounier), o italiano (por exemplo, o de Luigi Stefanini) ou o espanhol (com José Ortega y Gasset, María Zambrano ou os mais recentes como Leonardo Polo e José Luis López Aranguren) ainda que, obviamente, haja muitos pontos em comum, como a centralidade do conceito de pessoa nos sistemas filosóficos dirigidos às formas concretas de ser humano, com um núcleo espiritual. Cf. SECRETAN, Philibert. Il problema della persona in Edith Stein. In MELCHIORRE, Virgilio. (Org.). **L'idea di persona.** Milano: Vita e Pensiero, 1996, pp. 325-341.

O problema da pessoa já estava presente na fenomenologia de Husserl.[4] Ainda que ele considere "antropologia filosófica" em sentido negativo,[5] isso não o impede de, em *Ideias II*, se dedicar à estrutura da pessoa, inclusive utilizando o termo que depois viria a ser amplamente utilizado na escola fenomenológica. A esse respeito, Edith Stein esclarece e desenvolve as noções de Husserl.[6]

É importante considerar que nos encontramos em um nível ulterior, nas análises fenomenológicas: já estamos tomando o indivíduo humano com características específicas, devido às quais o denominamos "pessoa". Estamos além da constituição da corporeidade e da psique, que integram a identidade constituída, o *eu*. A problemática "pessoa" em Stein tem sua origem na alteridade e não na ipseidade, o que tem implicações importantes. Por exemplo, não deveria ser chamada de pessoa antes de estar em relação com outras

[4] Dentre fenomenólogos mais próximos a Husserl que enfrentaram o problema da pessoa, além de Edith Stein, vale a pena lembrar os nomes de Alexander Pfänder e Dietrich von Hildebrand. Para um aprofundamento das contribuições do Círculo de Gotinga sobre o assunto, cf. FERRER, Urbano. **¿Qué significa ser persona?**. Madrid: Palabra, 2002 (especialmente o Capítulo I: "Aproximação fenomenológica à pessoa" que inclui a antropologia filosófica de Max Scheler).

[5] Para um aprofundamento do problema pessoa em Husserl e o sentido de sua crítica à antropologia filosófica como expressão de relativismo cf. ALES BELLO, Angela. Edmund Husserl: riflessioni sull'antropologia. **Per la filosofia**, XVII/49 (2000), pp. 22-28.

[6] Em *Ideias II*, Husserl se refere a "pessoa" especialmente na Terceira Seção, nos §§ 50, 51, 58 e 60. O núcleo das análises de Husserl está presente nas de Stein, sobretudo quanto ao problema do espírito. No §51, Husserl examina a relação entre pessoa e coletividade, base para as investigações de Stein sobre comunidade. Cf. HUSSERL, Edmund. **Idee per una fenomenologia pura e una filosofia fenomenologica**. Vol. II, Livro II e III. Editoração de Vincenzo Costa, tradução de Enrico Filippini. Torino: Einaudi, 2002.

pessoas reconhecidas como tais – o que parece ser uma resposta de Stein às discussões sobre o estatuto do conceito de "pessoa", se seria substituível por "indivíduo", "ser humano" e outros análogos, ou seria um ideal a ser alcançado, pelo qual nem todo ser humano é, em ato, pessoa.

Podemos adiantar que a resposta de Stein se inclinará para a segunda solução: com efeito, "pessoa" é – uma vez constituído o ser humano – uma "constituição ideal", digamos assim, a ser conquistada através da relação com diversas formas de alteridade e através da atuação das potências que emergem do núcleo que funda precisamente a individualidade constituída; especialmente exercendo as funções superiores possibilitadas pela *Seele* (alma) e pelo *Geist* (espírito), como o momento mais elevado e pelo qual se poderá configurar plenamente a pessoa em sentido estrito.

Primeiro círculo: constituição do eu como corpo, psique e espírito diante da alteridade

Sabemos que o problema da *Einfühlung* (empatia), bastante examinado por Stein[7], é a base e o fundamento para compreender a pessoa humana a partir, em primeiro lugar, da constituição do *eu*, e, em segundo lugar, a partir da relação interpessoal. Na sua tese doutoral a influência husserliana é patente quanto à apreensão de três momentos constitutivos do ser humano, inicialmente identificados: corpo (físico e próprio), psique e espírito. Os dois primeiros representam o nível da pura imediatez e espontaneidade. Nesta primeira aproximação ao que já podemos chamar de "estrutura da pessoa humana", o nível psíquico está associado ao âmbito

[7] STEIN, Edith. **Il problema dell'empatia**. Tradução de Elio Costantini e Erika Schulze Costantini. 2a ed. Roma: Studium, 1998.

das chamadas capacidades inferiores do indivíduo humano. Só posteriormente Stein viria a incluir um âmbito de conexão entre psique e espírito: a *alma* (*Seele*) que doará sentido tanto ao substrato corporal como ao âmbito psíquico ainda ligado ao *Leib* (corpo vivenciado ou próprio). Sua magnífica obra *Beiträge zur philosophischen Begründung der Psychologie und der Geisteswissenschaften* (*Contribuições à fundamentação filosófica da psicologia e das ciências do espírito*)[8] completam as intuições de *Zum Problem der Einfühlung*.[9]

A partir da empatia, Edith Stein identifica a importância do espírito como instância que se eleva desde e graças à psique, possibilitando sua revelação, mas apreensível também na corporeidade (o que mostra a importância e a dignidade conferida por Stein à instância corpórea). Na esfera espiritual estão incluídas a volição e a liberdade humana como capacidades que se exercem justamente desde esse nível, também identificado como âmbito dos valores, ao qual se acede graças à vivência empática:

> Do mesmo modo, com cada ato de empatia entendido em sentido literal, ou seja, com cada apreensão de um ato senciente já penetramos o reino do espírito (...): o mundo dos valores.[10]

Assim, a vivência da empatia é um duplo acesso à constituição do indivíduo como corpo (físico e próprio) e como espírito; a percepção de ambas as instâncias se dá por analogia, através da percepção de outros semelhantes,

[8] STEIN, Edith. **Psicologia e scienze dello spirito: contributi per una fondazione filosofica**. Tradução de Anna Maria Pezella. 2a. ed. Roma: Città Nuova, 1999.

[9] STEIN, Edith. **Il problema dell'empatia**... *op. cit.*

[10] *Idem*, p. 196.

que fornece a fonte de sentido para o *autoconhecimento* e, inclusive, a *autoconsciência*. O interessante da questão é que o *autorreconhecimento* do sujeito não parte de si mesmo, mas da exterioridade e da diferença, representadas por *outros* corpos e *outros* espíritos, cujos movimentos – no primeiro caso – e cujos valores – no segundo – são apreendidos essencialmente pelo indivíduo. Gera-se assim uma "epistemologia de si" que não é externa (ou seja, puramente descritiva) mas pertence à esfera do ser,[11] ou seja, desloca a relação com a alteridade da esfera cognoscitiva (representada pelas relações lógicas e pelo âmbito epistêmico) para a ontologia.

É evidente aqui a superação de certas aporias husserlianas, especialmente quanto ao problema da intersubjetividade nas *Meditações cartesianas*.[12] Edith Stein se antecipa às intuições e considerações de Lévinas sobre o problema da relação com a alteridade na fenomenologia husserliana.[13]

11 Cf. MANGANARO, Patrizia. L'*Einfühlung* nell'analisi fenomenologica di Edith Stein: una fondazione filosofica dell'alterità personale. **Aquinas.** XLIII/1 (2000), p. 118: "Esse reconhecimento não é extrínseco mas profundamente ontológico, a ponto de o outro se tornar a condição do encontro consigo mesmo, a verdade sobre mim. O 'milagre' da reciprocidade e da relação é justamente este: cada ser humano é condição de autenticidade para outro ser humano".

12 HUSSERL, Edmund. **Meditações cartesianas: introdução à fenomenologia**. Prefácio de Márcio Pugliesi. Tradução de Frank de Oliveira. São Paulo: Madras, 2012.

13 Evidentemente, Lévinas leva a crítica mais longe e radicaliza uma ideia que também Stein radicalizará em obras posteriores. O pensador lituano-francês e nossa autora desenvolvem quase em paralelo a relação com a alteridade: a tese steiniana sobre empatia coincide inicialmente e de maneira geral com indicações de Lévinas: "É por isso que em sua filosofia [a de Husserl] existe pela primeira vez a possibilidade de passar da teoria do conhecimento e através da teoria do conhecimento à teoria do ser. Esta última consistirá, por um lado, em estudar diretamente a essência do ser que se revela à consciência; por outro lado, estudar o modo de existir de diferentes

Em todo caso, estamos diante de uma incipiente mas já profunda antropologia filosófica, fundamentada em como ela se constitui a partir da empatia, situando o problema da significação e sentido do ser humano numa esfera própria, irredutível à pura teoria do conhecimento e refratária à totalização e à tematização.

Examinamos o primeiro dos círculos concêntricos que representam o percurso fenomenológico da antropologia steiniana. O círculo seguinte, que se expande a partir do anterior (o da *Einfühlung*) é o da análise da pessoa em *Psicologia e ciências do espírito*. Iniciemos, então, este outro percurso.

Segundo círculo concêntrico: pessoa como corpo-alma-espírito

Edith Stein segue um caminho, um método, que a conduz como que pela mão, desde a análise da vivência referente ao conhecimento do outro – em sua tese sobre a empatia – à constituição do ser humano como ser psíquico e espiritual. Dali, ela analisa as disciplinas que se referem

regiões de objetos" LÉVINAS, Emmanuel. **Théorie de l´intuition dans la Phénomenologie de Husserl**. Paris: Vrin, 1963, p. 60. Sabemos que depois, especialmente em sua obra-prima *Totalité et infini*, Lévinas defenderá ser insuficiente esse esforço husserliano e fundamentará a colocação do problema da intersubjetividade no âmbito ético. Por via distinta, colocando-o no âmbito religioso, Edith Stein o fará na sua também obra-prima *Endliches und ewiges Sein* (*Ser finito e eterno*) que constitui, como a obra levinasiana, um monumental ensaio sobre a insuficiência da ontologia para fundamentar a realidade das relações não somente interpessoais, mas com toda forma de alteridade, em especial a alteridade absoluta, Deus, buscando assim encontrar "o sentido do ser". Cf. LÉVINAS, Emmanuel. **Totalité et infini: essai sur l´extériorité**. Paris: Kluer Academic, 2009. Cf. STEIN, Edith. **Ser finito y ser eterno: ensayo de una ascención al sentido del ser**. Tradução de Alberto Pérez Monroy. México: Fondo de Cultura Económica, 1994.

àqueles diferentes âmbitos, para, em direção inversa, dirigir-se novamente à dimensão intersubjetiva do sujeito, e também – vale a pena destacar – às formas de associação humana como a comunidade, a sociedade e o Estado (este como momento culminante da associação).

Encontramos esse movimento no seu livro *Beiträge zur philosophischen Begründung der Psychologie und der Geisteswissenschaften* (*Psicologia e ciências do espírito*),[14] texto de enorme relevância fenomenológica. Situando-se entre *Zum Problem der Einfühlung* (*O problema da empatia*)[15] e *Eine Untersuchung über den Staat* (*Uma investigação sobre o Estado*)[16], é a parte medular de uma tríade fenomenológica fundamental.[17] Mais tarde aquele conteúdo viria a receber novos desenvolvimentos por parte da própria Edith Stein,

[14] STEIN, E. **Psicologia e scienze dello spirito**... *op. cit.*

[15] STEIN, Edith. **Il problema dell'empatia**... *op. cit*

[16] STEIN, Edith. **Una ricerca sullo Stato**. Tradução e Apresentação de Angela Ales Bello. 2a. ed. Roma: Città Nuova, 1992.

[17] Ales Bello aponta, na "Apresentação" de *Psicologia e ciências do espírito*: "Cronologicamente, vem imediatamente depois da tese de doutorado *O problema da empatia,* de 1917 e precede *Uma investigação sobre o Estado,* de 1925. Do ponto de vista teórico forma, junto aos outros dois livros, uma trilogia importante no âmbito das análises conduzidas com o método fenomenológico, um exemplo de fidelidade a ele. É também um exemplo quase único na escola que se formara ao redor de Husserl, inicialmente em Gotinga até 1916 e logo em seguida em Friburgo até os anos 30" (ALES BELLO, Angela. Presentazione. In STEIN, Edith. **Psicologia e scienze dello spirito: contributi per una fondazione filosofica**. Roma: Città Nuova, 1999, p. 5). Dentre os inúmeros estudos sobre a evolução intelectual e o itinerário filosófico de Edith Stein, cabe destacar HERBSTRITH, Waltraud. **Edith Stein: eines philosophischen Werdegangs**. 2a. ed. München: Verlag Neue Stadt, 1997, ao qual remetemos para compreensão do caminho especulativo da filósofa na relação orgânica com sua conversão espiritual e com sua vida, sem reduzir a estes dois últimos aspectos que, ainda que sejam importantes, excluem a filosofia, como alguns estudos sobre Stein costumam fazer, inclusive alguns da própria Herbstrith.

especialmente em *Der Aufbau der menschlichen Person* (*A estrutura da pessoa humana*)[18] e em sua maior obra filosófica *Endliches und Ewiges Sein: Versuch Eines Aufstiegs Zum Sinn Des Seins* (*Ser finito e eterno*),[19] quanto à análise da estrutura ontológica da pessoa humana; bem como na parte culminante e conclusiva de *Einführung in die Philosophie* (*Introdução à filosofía*)[20] no tocante às ciências da subjetividade.

A análise de Stein em *Psicologia e ciências do espírito* se apresenta em duas partes: A primeira se refere fundamentalmente ao problema da casualidade psíquica, com a inclusão da vida espiritual, e temas como motivação, impulso e, em geral, o âmbito da vontade como manifestação da vida psíquica. A segunda parte trata do problema central da vida comunitária e as formas de comunidade fundamentadas na dimensão antropológica da primeira parte, e pressupõem as análises anteriores sobre empatia.

O método seguido por Stein ali é, sem sombra de dúvidas, fenomenológico, ainda que – como Ales Bello[21] nos lembra – nasça como intento de resposta a problemas da psicologia e também como busca de fundamentação das análises que na época vinham sendo feitas no âmbito daquela disciplina (particularmente pela psicologia genética de Wundt, Lipps e outros). Stein analisa o problema da intersubjetividade

[18] STEIN, Edith. **La struttura della persona umana: corso di antropología filosofica**. Tradução de Michelle D'Ambra. Roma: Città Nuova, 2013.

[19] STEIN, E. **Ser finito y ser eterno**... op. cit.

[20] STEIN, Edith. **Introduzione alla filosofia**. Tradução de Anna Maria Pezzella. Roma: Città Nuova, 2001.

[21] ALES BELLO, Angela. **Pessoa e comunidade: comentários: psicologia e ciências do espírito de Edith Stein**. Prefácio, edição e notas de Miguel Mahfoud. Tradução de Miguel Mahfoud e Ir. Jacinta Turolo Garcia. Belo Horizonte: Artesã, 2015.

desde seu núcleo psicológico até a esfera transcendente da ética e da religião (especialmente do catolicismo, quanto ao sentido das pessoas humanas e à relação com o próximo).

> A fenomenologia, de fato, se apresenta como uma gnoseologia, portanto como uma investigação de cunho filosófico que pode ser útil para esclarecer conceitos fundamentais da psicologia.[22]

Quanto à primeira parte, assinalamos apenas que a vida psíquica está submetida à lei de causalidade, à motivação[23] e também a outra lei: junto às forças causais, Edith Stein reconhece os motivos como fatores normativos que determinam o desenvolvimento de todo o processo psíquico. A motivação submete a psique ao domínio da razão; as conexões entre motivações e leis da razão são, sem dúvida, a ponta de um *iceberg* para investigações particularmente importantes que nos levariam a uma visão cada vez mais completa da estrutura da pessoa humana.

Secretan aponta que o conceito de pessoa em Stein é formado por elaboração e sucessivas reelaborações de quatro temas que o fundamentam: alma, corpo, espírito e eu,[24] e ressalta que o de eu

> é provavelmente o mais difícil, ainda que também o mais constante, já que é o tema da pessoa enquanto *sujeito*, enquanto se tem a si mesma como polo de referência que lhe permite falar de si.[25]

[22] ALES BELLO, A. Presentazione... op. cit. p. 9.

[23] Cf. a análise apresentada por Ales Bello na "Apresentação" a *Psicologia e ciências do espírito* nos itens "*b) Psique e causalidade*" e "*c) Vida do espírito*" às pp. 11-15. ALES BELLO, A. Presentazione... *op. cit.*

[24] SECRETAN, P. Il problema della persona... *op. cit.*, p. 326.

[25] *Idem*, p. 327.

Consideramos que, em primeiro lugar, não são essas as temáticas principais, pois a alma – que sem dúvida constitui um ponto temático central – veio a ser introduzida por Stein só posteriormente; e em lugar do eu, teríamos de colocar a *psique* como um dos temas iniciais e fundamentais. Como já acenamos, de início "pessoa" foi abordada por ela como corpo, psique e espírito. Em segundo lugar, ainda que o tema do *eu* se encontre delineado desde o início e desenvolvido amplamente por Stein a partir das análises husserlianas em *O problema da empatia* e retomado em *A estrutura da pessoa humana*, não chega a constituir, a nosso ver, o problema da pessoa enquanto sujeito, como ocorre nas análises de Husserl.[26] Conforme Stein vai avançando em sua investigação concêntrica sobre a pessoa, o tema do *eu puro* vai

[26] Recordemos que para Husserl o *eu puro* é condição *sine qua non* de todo ato particular da consciência intencional e isto, obviamente, é compartilhado por Edith Stein: reconhecido em conexão essencial com seus objetos intencionais, este eu não pode ser considerado como parte da natureza ou de sua rede interdependente com os demais objetos naturais. Do mesmo modo, Husserl realiza a passagem do eu puro à pessoa a partir, precisamente, das noções de motivação e causalidade que a própria Stein utiliza, ainda que em sentido diverso: para ela, o problema da motivação e da causalidade se aplica à *psique* e não ao *eu puro* resultado da redução transcendental. O que Secretan indica seria aplicável a Husserl mas não a Edith Stein, pois ela, chegando às mesmas considerações que Husserl quanto às leis da motivação, causalidade e hábitos, as utiliza como um meio, através da psique, para aceder logo à pessoa, cujo centro, no entanto, não se compõe daqueles elementos, e, então, tampouco o eu reduzido. No início, por uma questão metodológica elementar, Stein aceita que o *sujeito* da pessoa seja o eu puro, mas é algo logo superado a favor de um *Kern* mais profundo, constituído precisamente pela noção de *Seele*, noção esta "descoberta" por nossa filósofa graças à sua conversão e ao caminho religioso escolhido que, sem eliminar as considerações filosóficas de base, permitem a compreensão da distinção entre indivíduo e pessoa, dos conteúdos materiais e espirituais que caracterizam a pessoa e da dimensão transcendente.

diluindo até passar a segundo plano, não da constituição ontológica da noção de pessoa, mas com relação à significação e sentido da realidade denominada *pessoa humana* com seus prolongamentos espirituais de criação de cultura e de inter-relações. O problema do *eu*, enquanto *eu puro*, se torna, em Stein, puramente instrumental e um ponto de partida metodologicamente necessário para a constituição da pessoa humana. Neste sentido, a posição de Stein é mais próxima de Scheler, na medida em que, para o filósofo de Munique, a pessoa não é um sujeito vazio, nem uma ideia limite, nem um ponto de vista ou pura forma sem conteúdo; mesmo considerando a crítica de Stein a Scheler quanto à compreensão do eu, ou melhor, quanto à incompreensão da noção de eu, que desde cedo o afasta das considerações fenomenológicas originais de Husserl e seus discípulos.

Para Husserl a questão é: "Como passar de um eu puro não suscetível de observação à pessoa singular?"; já para Scheler a pergunta é: "Como passar dos atos – fatos realizados por um eu – à pessoa?". Husserl responde que a pessoa é um "sujeito de motivações livres", enquanto Scheler responde que a pessoa é compreendida justamente através da essencialidade fática, pois os fatos requerem – não apenas para sua realização, mas também para sua compreensão de sentido – a pessoa mesma.[27] Para Scheler, a diferença entre

[27] Podemos examinar estas considerações de Scheler, principalmente, em sua obra prima *O formalismo na Ética e a Ética material dos valores* (de 1927) e também em *Essência e formas da simpatia* (de 1923), obra esta com que Edith Stein entrara em polêmica sobretudo quanto ao problema da empatia. Scheler parece fazer uma problemática separação entre *eu* e *pessoa*: formalmente pode servir para uma análise detalhada de cada uma das instâncias, mas a pessoa como unidade integral está cindida artificialmente ao eliminar este substrato necessário. Claro, o problema volta a ser o da concepção scheleriana de

eu e *pessoa* se fundamenta unicamente na não-objetualidade desta, enquanto que o primeiro é sempre um objeto:

> Já mostramos como o "eu" – em qualquer sentido da palavra – constitui um objeto: a egoidade, enquanto término da intuição pura e sem forma; o eu individual, enquanto objeto da percepção interna.[28]

A questão é a seguinte: uma vez que para Scheler a pessoa é concebida como necessária para cumprir *atos*, torna-se evidente que, não podendo tais atos serem concebidos como objetos, tampouco a pessoa que os realiza pode sê-lo.

É nítido que Edith Stein se afasta das considerações schelerianas. Concordando com Scheler quanto à concepção do caráter dinâmico da pessoa humana, diverge notavelmente da sua concepção de eu. Stein dá uma resposta completamente original ao problema que subsistia quanto a passagem do eu à pessoa, distanciando-se da incompleta solução husserliana – que ela mesma utilizara metodologicamente para compreender a estrutura da *psique*, não da pessoa em sua totalidade – a saber, a da motivação, e, ao mesmo tempo, respeitando a noção fenomenológica de *eu puro*. Assim, corrige as imprecisões de Scheler sobre a concepção de identidade última pela introdução de duas noções importantes: a de *alma* na estrutura mesma do ser pessoal e a de *si mesmo* como meio de conexão e anel de conjunção

"eu" que não coincide, de modo algum, com a posição fenomenológica autêntica: o eu scheleriano não deixa de ser um eu empírico.

Cf. SCHELER, Max. **Il formalismo nell'etica e l'etica materiale dei valori.** Tradução e edição de Giancarlo Caronello. Cinisello Balsamo (Milano): San Paolo, 1996. Cf. também SCHELER, Max. **Esencia y formas de la simpatía.** Tradução de José Gaos. Buenos Aires: Losada, 2004.

[28] SCHELER, M. **Il formalismo nell'etica...** *op. cit.*, p. 477 (p. 386 da edição alemã original).

entre o eu e a pessoa, uma vez que ela esteja reconstituída com a nova abordagem do elemento anímico.

Assim, a introdução da noção de *alma* em relação à pessoa humana se encontra delineada pela primeira vez em Edith Stein na segunda parte de *Psicologia e ciências do espírito*, quando já se ocupa da fundamentação ôntica das realidades comunitárias e sua estrutura a partir da individualidade e sua configuração psíquica composta de causalidade e motivação. É verdade que em *O problema da empatia* ela já fazia referências genéricas ao que poderia ser denominado de *alma*, mas sem desenvolver ou inscrever claramente na estrutura da pessoa humana ali apresentada. Mas em *Psicologia e ciências do espírito*, Edith Stein parece se dar conta de uma insuficiência radical presente em sua primeira obra: como vimos, já falava de espírito (*Geist*) como a esfera pessoal superior que se dirige ao mundo dos valores, com a qual se encontra ainda próxima à posição scheleriana – o tema da intuição dos valores, que Stein conservará em toda a sua obra, deriva claramente da influência de Scheler –, mas não fundamenta a passagem da instância psíquica (ainda ligada à fisiologia) ao universo axiológico. Em termos mais simples: ela ainda não explica como se pode passar da psiquicidade à espiritualidade do ser humano, e falta também um aprofundamento do que seria o centro mais profundo que constitui a pessoa, isto é, seu núcleo (*Kern*) e, portanto, qual seria seu significado. Assim, chega o momento em que, falando do acesso da pessoa ao mundo espiritual dos valores, Edith Stein nos diz:

> Das qualidades psíquicas se deduz, então, algo que nos leva, em certa medida, a dar um juízo de valor, o que por sua vez requer uma atitude avaliadora. Todas as qualidades psíquicas podem ser portadoras de valores: a sensibilidade sensorial, a memória, o

> intelecto como possibilidade de acesso a valores morais. Por outro lado, a sensibilidade pelos valores pode ser também considerada simplesmente como parte dos componentes próprios da pessoa e não ser submetida a uma avaliação. Deste modo, parece que a sensibilidade para com os valores, especialmente para com os valores morais, e o modo com que eles condicionam o comportamento prático, são atribuídos principalmente à personalidade em seu conjunto, ao contrário de outras qualidades particulares. Ao que chamamos de caráter no sentido mais estrito parece corresponder *a pessoa enquanto tal*, e as outras qualidades são determinadas pela adesão exterior.[29]

Nesse trecho fica evidente – pelo menos no que se refere ao conteúdo das considerações – a influência do pensamento scheleriano, apesar das diferenças e oposições já indicadas. Nenhum desses dois pensadores, nos parece, concebem *pessoa* como uma noção *a priori* imanente a todo ser humano pelo simples fato de sê-lo; já vimos como Stein mostra o caminho de constituição do ser humano e, ao final de tal processo, a constituição da pessoa propriamente dita ainda não havia se completado. Igualmente, Scheler nos diz:

> A palavra "*pessoa*" não pode ser aplicada indiferentemente aos casos em que comumente nos referimos ao ser animado, à egoidade ou ainda à consciência da consistência e do valor do próprio eu (autoconsciência, consciência do próprio valor)".[30]

Também para Edith Stein os valores são chave para compreender a constituição da pessoa, mas ainda assim, o

[29] STEIN, E. **Psicologia e scienze dello spirito**... *op. cit.*, p. 245.

[30] SCHELER, M. **Il formalismo nell'etica**... *op. cit.*, p. 583.

universo axiológico não é o que configura a pessoa, ou – para continuar utilizando a terminologia fenomenológica –, não é o que a constitui: ela possui ontologicamente valor próprio. Isto porque os valores, indubitavelmente, pertencem ao reino do espírito (*Geist*), mas a noção steiniana de *pessoa* é, em certo sentido, ainda mais profunda. Talvez o espírito represente o momento *mais alto*, mas não o *mais profundo*. A atividade intelectual, isto é, o movimento próprio da psique não surge dela mesma. No entanto, devemos recordar que a esfera psíquica não se constitui unicamente dessa atividade do intelecto: há também a esfera volitiva e sentimental que, na visão da nossa filósofa, parece surgir da interioridade mais escondida do *ego* para dar conta de um movimento que *caracteriza* a identidade subjetiva: é o *caráter* que, na citação apresentada, se identifica com a pessoa mesma. A *alma* é refratária à tipificação intelectual e – isto é o mais interessante – também à consideração de caráter moral. Mesmo quando este universo é o dos valores, será sempre exterior à alma mesma, por mais próximo que esteja dela.

> A alma em si mesma permanece completamente estranha e não é influenciada nem sequer qualitativamente pelo fato de um homem ser bom ou mal, de sua memória ser mais fiel ou menos, de se fundamentar predominantemente em imagens visuais ou auditivas, de pensar com perspicácia e velocidade ou então com lentidão e pouca clareza. O *pensamento não revela nada da pureza e da profundidade da alma*, mas mostra os motivos pelo quais está sendo guiado, assim como toda a vida afetiva.[31]

[31] STEIN, E. **Psicologia e scienze dello spirito**... *op. cit.*, p. 246. Os itálicos são meus.

O que Edith Stein nos diz aqui é que a alma, como núcleo da pessoa, precede inclusive o espírito e o acesso aos valores; diríamos, usando a terminologia aristotélica, que neste sentido a alma é uma *hexis*, uma disposição radicada na interioridade humana graças à qual podemos aceder a determinados valores. Todo comportamento humano com relação ao universo valorativo depende dessa disposição.

Na estrutura do ser humano – e aqui seria melhor já falar de estrutura da pessoa, assim como Stein nos apresenta agora ampliada – vemos que este *Kern* pessoal, que é a *Seele*, se desloca para o espírito, mas *sem se identificar com ele*, e se distancia da *psyché*, que permanece mais próxima do *Leib*. Esta indicação é especialmente importante por permitir a distinção entre *alma* e *espírito*; mas não apenas isso, como assinala Secretan:

> esta distinção [entre alma e espírito] tem um valor diretivo na medida em que remete à distinção entre psicologia (ou ciências da alma) e ciências do espírito (*Geisteswissenschaften*).[32]

As implicações são mais profundas do que poderia parecer à primeira vista: A mais importante é nos remeter à necessidade de uma "nova psicologia" que seja precisamente "*ciência da alma*" e não apenas "ciência da psique". Edith

[32] SECRETAN, P. Il problema della persona in Edith Stein... *op. cit.*, p. 328. Bettinelli também refrisa que «Stein considera da máxima importância evidenciar os conceitos de psique e espírito por permitir uma distinção entre psicologia e ciências do espírito. Distinção esta, necessária: elimina-se a confusão derivada da concepção da psicologia como "conjunto das ciências do espírito" e das ciências do espírito como "coleta de material para a psicologia"», BETTINELLI, Carla. **Il pensiero di Edith Stein: dalla fenomenologia alla scienza della croce**. Milano: Vita e Pensiero, 1976, p. 54.

Stein se refere justamente a isto quando, constantemente, critica a existência de uma "psicologia sem alma".[33] Por outro lado, uma psicologia redefinida nestes termos implica uma redefinição das *ciências do espírito*, em virtude de que ambas as instâncias constitutivas do que há de mais pessoal não se confundem nem se identificam sob o mesmo conceito, mas, em sua estreita relação, se encontram perfeitamente diferenciadas.

Então, a pergunta agora é: "Qual o papel da alma na totalidade já constituída que tem sido denominada de pessoa?". A própria Edith Stein – ao escrever *Die Seelenburg* (*O castelo interior*), seu magistral estudo sobre Santa Teresa de Ávila – se dá conta dessa dificuldade:

> Em nosso contexto, devemos enfrentar a tarefa puramente teórica de investigar, na constituição graduada do ente, as características específicas do ser humano, em que entra a definição de alma como centro do conjunto físico-psíquico e espiritual que chamamos de *ser humano*. Mas não é possível dar um quadro preciso da alma (ainda que provisório e incompleto) sem começar a falar do que constitui sua vida íntima.[34]

Edith Stein é, pois, consciente de que a alma representa uma instância misteriosa e naturalmente refratária à definição conceitual (o que se nota desde *Psicologia e ciências do espírito*). Conforme sua investigação antropo-

[33] A primeira referência a esta expressão está em *Psicologia e ciências do espírito*, mas aparece em outras obras de Stein também. Cf. STEIN, E. **Psicologia e scienze dello spirito**... *op. cit.*, p. 247.

[34] STEIN, Edith. Il castello interiore. In STEIN, Edith. **Natura, persona, mistica: per una ricerca cristiana della verità**. 2a. ed. Roma: Città Nuova, 1999, p. 117.

lógica vai avançando, ao enfatizar aquela instância como misteriosa, paradoxalmente também esclarece sua função e seu conteúdo.

Há, sem dúvida, um *leitmotiv* em Stein ao dar conteúdo à essência deste núcleo fundamental do ser humano; uma categoria que – também esta – vai se desenvolvendo à medida em que a autora vai se enriquecendo filosoficamente (com leituras de filosofia medieval) e espiritualmente (com sua ascensão na busca de sentido religioso do ser): trata-se da categoria da *vida*.

O vital, a vitalidade e, ainda mais, a vitalidade interior, são elementos determinantes na distinção entre espírito e alma. Formalmente, a distinção poderia parecer simples, mas materialmente se torna um verdadeiro problema que surge precisamente quando Stein introduz a noção de alma como uma "instância espiritual". Para ela,

> as essências espirituais são sustentadas pelo espírito do âmbito a que pertencem; o homem vive a partir de sua alma, *que é o centro de seu ser*".[35]

Por que a vida? Uma vez que a vitalidade expressa na produção, criação e inventividade é própria tanto do corpo como do espírito; o corpo próprio é denominado *corpo vivo ou vivenciado* (*Leib*), como já recordado, por ser expressivo de um movimento singular das criaturas chamadas de viventes precisamente por terem em comum esse núcleo do que surge na alma e que se encontra igualmente no espírito; é interessantíssimo dar-nos conta de que

[35] STEIN, E. **Psicologia e scienze dello spirito**... *op. cit.* p. 246. Os itálicos são meus.

> existem processos tanto psíquicos como físicos totalmente indiferentes à forma unitária, à "personalidade", e não portam o seu selo. Isso não vale, porém, para a alma. Tudo o que é alma se enraíza no núcleo.[36]

Em poucas palavras: Enquanto corpo e espírito podem prescindir do núcleo central e fundamental que forma a unidade da configuração pessoal do indivíduo, a alma não pode desprender-se do núcleo; há uma identidade e uma relação de imanência entre aquele núcleo e a alma humana.

Em *A estrutura da pessoa humana*, Stein problematizará ainda mais este argumento, aprofundando-o, buscando dar conta da relação entre a identidade pessoal expressa no eu e a noção de *si mesmo*, que levará a uma nova conotação de alma e, portanto, de pessoa.

O problema crucial – que não escapa à própria Stein – é a clara delimitação entre as noções de espírito e alma: ainda que formalmente sejam distinguíveis através das definições, como vimos, materialmente é difícil de precisar suas fronteiras, limites e características exclusivas. Como dissemos, ainda que haja uma identidade entre ambas as realidades humanas, não há uma identificação unívoca e não devem ser confundidas. Esta afirmação de Stein busca resolver a dificuldade:

> com o espírito nos dirigimos simplesmente ao mundo, mas a alma acolhe o mundo em si e se une a ele, de maneira diferente em cada alma individual.[37]

Stein destaca aqui o caráter dinâmico da *Seele*, abandonando definitivamente a concepção puramente naturalista

[36] *Ibid*, pp. 246-247.

[37] *Ibid*, p. 248. Esta citação também é destaca por BETTINELLI, C. **Il pensiero di Edith Stein**... *op. cit.*, p. 55 (n. 12).

de psique presente em *O problema da empatia* – onde, com efeito, ela não falava de *alma* (termo colocado, erroneamente, em algumas traduções) mas de *psique* ainda pertencente ao nível corpóreo do *Ich* (eu), isto é, ao âmbito da natureza. Aqui destaca o caráter dinâmico da alma como uma realidade que permite o enlace produtivo entre o mundo natural e o mundo estritamente espiritual. Pois bem, isso não significa que a alma, em sentido estrito, participe de ambas as esferas: sua pertença ao reino do espírito é clara, mas chega a cumprir uma importante função conectiva entre a realidade espiritual e a constituição individual psico-física. Trata-se de uma realidade que leva a cabo um movimento oscilatório de ida e volta entre a concreção natural do eu e o nível superior do espírito. Este último – e nele entram as ciências do espírito – seria alheio ao indivíduo se não existisse precisamente um enlace como o da *Seele* que busca não somente ir *para* a realidade – como faz o espírito – mas enraizar-se *na* realidade. Como se poderia explicar a existência de criações humanas, as produções da cultura, as ciências, a arte e outras formas de "realidade espiritual" a partir, simplesmente, da atividade mecânica e natural de âmbito corpóreo e a dinâmica puramente psíquica ainda ligada ao corpo? É nisto que Edith Stein insiste quando repetidamente assinala que quer lutar contra "a psicologia sem alma", isto é, uma psicologia que explica os processos somente da psique mas não os da alma, entendida como já buscamos explicar. A psicologia poderá se completar e formar parte das ciências do espírito quando der conta do fino movimento que inclusive cada indivíduo humano – já pessoa – realiza, onde, poderíamos facilmente, uma e outra vez, voltar a confundir ambos os níveis. No fundo, o naturalismo e o espiritualismo extremos não são mais que assimilação, con-fusão e indiferenciação da alma na esfera corpórea ou na esfera espiritual. Talvez nenhuma outra antropologia filosófica tenha insistido tanto em dar conta da mediação da alma: a de Edith Stein confere à alma um estatuto ontológico diferente tanto da psique como do espírito buscando explicar melhor ambas as concreções.

Esta é uma primeira aproximação à constituição da pessoa humana, à estrutura que temos denominado "*pentapartida*" e que viria a permanecer na concepção steiniana de pessoa humana, com conteúdos variados. A partir dessa estrutura e compreensão da constituição pessoal, algumas das questões que se apresentam a Stein são paulatinamente respondidas ao longo de sua obra posterior, particularmente em *A estrutura da pessoa humana* e, com maior dificuldade e profundidade filosófica, em *Ser finito e eterno*. Como exemplo, temos a própria definição de *alma*: para Stein,

> não é possível expressar, com qualidades definíveis, o que é a alma – isto é, o que temos definido como alma *individual*. O seu ser, como o núcleo em que ela se enraíza, é algo individual, indissolúvel e inominável.[38]

O problema veio a ser solucionado por Stein: no questionamento sobre as dificuldades de delimitação entre as noções de espírito e alma em *Ser finito e eterno*, no Capítulo VII, §9, ponto 9, se lê:

> Mas a alma deve cumprir a dúplice (ou tríplice) tarefa: formar-se enquanto desenvolvimento de sua própria essência, dar forma ao corpo e elevar-se acima de si mesma, para unir-se a Deus. A partir de agora compreendemos melhor a trilogia de que temos falado: corpo-alma-espírito. *Enquanto for-*

[38] *Ibid*, pp. 248-249.

ma de corpo, a alma ocupa posição intermediária entre o espírito e a matéria, própria das formas das coisas corpóreas. Enquanto espírito, possui um ser *em si mesma* e pode com toda liberdade pessoal se elevar acima de si mesma e receber nela uma vida mais elevada. E não apenas irradia sua essência de maneira inconsciente e involuntária – o que pode ser atribuído também às criaturas inferiores –, mas na sua atividade espiritual sai de si mesma por efeito de sua liberdade pessoal. Já insistimos antes que esta união não dever ser interpretada como uma justaposição de espírito e alma na interioridade do homem. Só a alma espiritual é capaz de múltiplo desenvolvimento. Não se deve entender, tampouco, a separação no sentido de tomar o *espírito* (= *mens*) e a sensibilidade como fossem parte superior e parte inferior da alma, ou – de um modo ainda mais estrito – no sentido de delimitar na parte superior do espírito (= entendimento, *intellectus*) a faculdade de conhecimento em presença da vontade. A alma é *espírito* (= *spiritus*) segundo sua essência mais profunda, essência esta que serve de fundamento subjacente à formação de todas as suas *forças*.[39]

Podemos notar aqui que a ampliação concêntrica dos círculos da temática antropológica steiniana nos leva, em sua fase mais madura e totalmente inserida na dimensão religiosa, à ligação com Deus; e notar também uma concepção agostiniana sobre a liberdade humana. Soluciona problemas que tanto em *O problema da empatia* como em *Psicologia e ciências do espírito*, se encontravam em forma ainda embrionária. De qualquer modo, ainda que na citação

[39] STEIN, E. **Ser finito y ser eterno...** *op. cit.*, pp. 473-474. Os primeiros itálicos são meus.

anterior Stein se refira a "trilogia" (corpo-alma-espírito), cabe assinalar que é somente uma simplificação da estrutura pentapartida a que já nos referimos: tinha sido iniciada como estrutura quadripartida (ainda sob influencia husserliana), eliminando a alma; mas nesta estrutura tripartida a psique está subsumida à noção de alma, e corpo físico e corpo vivo (ou vivenciado ou ainda próprio, nas acepções fenomenológicas) são tomados na noção de corpo.[40]

De qualquer forma, as dificuldades subsistem e não poderia ser diferente. A manifestação do que chamamos *espírito* tende a ser facilmente confundida com a instância denominada *alma* se não a dotarmos de conteúdo preciso. Esta tarefa Stein quer levar a cabo do melhor modo. Agudamente, distingue o que em geral é chamado de *capacidades psíquicas* e *núcleo pessoal* que essencialmente constitui a alma. A diferença é clara: Capacidades psíquicas são suscetíveis de variação e podemos captá-las como superiores ou inferiores; o núcleo pessoa é imutável, não possui níveis nem capacidade de desenvolvimento.

[40] Não esqueçamos que Edith Stein, em sua obra madura, é influenciada pela escolástica e por amplos conhecimentos da filosofia patrística e escolástica (Santo Tomás e também, de modo especial, Santo Agostinho e Duns Escoto), assim como da filosofia clássica de Aristóteles. São fontes que a auxiliam na construção da estrutura pessoal, porém sempre sob uma ótica fenomenológica, tanto do ponto de vista metodológico como também de conteúdos teóricos. A metafísica aristotélico-tomista e filósofos como Agostinho e o Pseudo-Dionísio, o Aeropagita, vêm a ser agregados, trazendo enriquecimento, sem substituir a concepção fenomenológica. Assim, nessa parte de *Ser finito e eterno*, Edith Stein estava analisando o ser pessoal do ser humano desde o ponto de vista da imagem trinitária, o que atesta uma sintonia com as considerações agostinianas referentes ao tema em *De Trinitate*, obra essa que Stein evidentemente conhecia, embora nem sempre a cite. Daí a necessidade de ajustar a consideração da estrutura pessoal de cinco partes a uma "estrutura trina" sem excluí-la; pelo contrário, ela está suposta.

Nesse aspecto podemos considerar Stein como aristotélica, já que distingue perfeitamente essência particular da alma de suas capacidades específicas que são "qualidades disposicionais" (a *hexis* aristotélica que se associa à *virtude* é justamente uma disposição), que podem aumentar ou diminuir. O núcleo, não: emana dele o que está representado precisamente pela *Seele*. Dito de outro modo, as circunstâncias externas afetam as disposições originárias da alma, mas não afetam *a alma mesma*, não sendo ela sujeita a desenvolvimento qualitativo algum.

Para demonstrar isso, Stein vai à categoria de *vida*, precisamente por ser uma categoria comum às instâncias que a própria *Seele* envolve (a saber, psique e espírito): assim como há *vida psíquica*, há *vida espiritual*. Além disso, através dessa categoria Edith Stein chega a explicar mais claramente qual é o papel da alma na totalidade da pessoa.

Secretan[41], enfatiza a preferência de Stein pela noção de vida apontando que ao encontrar com a tradição hilemorfista ela a repensa desde uma perspectiva vitalista. De fato, em *Psicologia e ciências do espírito* Stein ainda não tinha se encontrado com aquela tradição e já usava a categoria vital.

> A manifestada preferência pela vida significa (...) que Edith Stein privilegia a análise dinâmica segundo a potência e o ato: o movimento da vida implica uma matéria em que uma forma atua, forma esta que é unicamente o efeito de uma fonte formadora, ou seja, de uma força estruturante, chamada por ela de alma.[42]

Os anéis concêntricos, como podemos ver, se ampliaram com a noção de *alma* que tem a ver, em jogo dinâmico, com a problemática noção de *eu*.

[41] SECRETAN P. Il problema della persona in Edith Stein... *op. cit.*
[42] *Idem*, p. 329.

A pergunta "Quem sou eu?" encontra em *Ser finito e eterno* uma tentativa de resposta através da aguda análise que Stein apresenta no ponto c do §4 do capítulo VI[43]. Trata-se de magnífica interpretação da expressão "eu sou" da célebre passagem do Antigo Testamento onde Deus manifestado na sarça ardente comunica sua própria identidade a Moisés.[44]

Na esteira de Santo Agostinho, para Stein aquela formulação expressa o *ser pessoal de Deus*: Deus é pessoa, com as propriedades de razão e liberdade. Trata-se do "ser em pessoa"[45]. Este ponto de partida lhe servirá não apenas para clarificar a essência do Ser eterno que é Deus mas para dar conta do problema do autêntico e profundo significado do conceito de "eu". O que está em jogo é a unidade deste eu, indivisível (in-dividual), imanente a si mesmo, absolutamente diferente dos demais que, com relação a ele, são transcendentes.

O nome que cada pessoa dá a si mesma é precisamente "eu", como um universal que pode ser preenchido particularmente. Neste ponto, Stein combina de modo genial a antropologia tomista (que vinha desenvolvendo através da *analogia entis*), a antroplogia filosófica agostiniana (cifrada na interioridade e ao mesmo tempo na descoberta da dimensão livre concomitante à racionalidade, já mencionada) e a antropologia fenomenológica husserliana. Nesse eixo é reconstruída sua mais original antropologia

---

43 STEIN, E. **Ser finito y ser eterno...** *op. cit.*

44 אֶהְיֶה אֲשֶׁר אֶהְיֶה, do Ex 3, 14, tem sido traduzido do original hebraico de diversas formas. A própria Stein insiste que, independentemente de questões filológicas, ela se atém à interpretação daquelas palavras como "eu sou", acompanhando a concepção filosófica de Santo Agostinho, segundo a qual elas expressam o nome mais próprio de Deus. (Cf. STEIN, E. **Ser finito y ser eterno...** *op. cit.*, p. 359).

45 STEIN, E. **Ser finito y ser eterno...** *op. cit.*, p. 359.

filosófica, que encontra o cume de seu sentido na pergunta "Quem sou eu?" e na sua tentativa de resposta.

A tentativa de resposta é complexa, mas encontra um momento de clarificação maior na seguinte constatação: "Cada homem é *um eu*. Cada um começa a se chamar de *eu*", [46] o que fenomenologicamente pode ser traduzido como a consideração de que – na precariedade mesma que a linguagem representa com relação à totalidade da experiência humana – o ser humano utiliza este conceito antes de ter real conhecimento do mesmo, pela intuição primária de seu significado nascente, digamos assim.

Aí entra a tríplice confluência já anunciada: o *principium individuationis* do ser eu se dá por *analogia entis* (Santo Tomás), se descobre como experiência de si mesmo formulada na palavra "eu" (Santo Agostinho) e se reconhece como pessoa única e irredutível, como experiência vital. "O uso prévio da palavra *eu* é o sinal da vida consciente do *eu*"[47] – escreve Stein – e se torna um ser necessitado, cuja plenitude está na constância de sua vida constantemente presente, mas cujos conteúdos existenciais precisam ser preenchidos.

Dizendo de outro modo: Para Stein, a chave da *analogia entis* tomista reside em dar-se conta de que, apesar da abismal distância ontológica entre Deus e suas criaturas, estas – e os seres humanos em particular – compartilham não só o ser com o Ser eterno da divindade mas também o ser com pessoas, o que é uma abordagem maior que nos leva à possibilidade de responder – ainda que balbuciando – à pergunta central que para Santo Agostinho representa a *magna quaestio* "Quem sou eu?", porque a plenitude exclusiva de Deus como ato puro é compartilhada, de algum

[46] STEIN, E. **Ser finito y ser eterno...** op. cit., p. 360.
[47] *Idem.*

modo, com o ser humano pela dimensão pessoal. Claro que a plenitude do ser de Deus não é atribuída ao ser finito do ser humano de maneira absoluta, mas aparece sob a mesma modalidade expressiva, onde os atos divinos não são inacessíveis para os homens.

A principal distinção destacada por Stein é que "em Deus não há oposição – como no homem – entre a vida do eu e o ser".[48] Estas considerações estão fortemente baseadas na teologia apofática do Pseudo-Dionísio, o Areopagita, filósofo tido em alta consideração por Edith Stein, como pode ser bem ilustrado na seguinte passagem que se refere ao ser de Deus:

> "Eu sou" significa eu vivo, eu sei, eu quero, eu amo; e tudo isso não é uma sucessão ou justaposição de atos temporais, mas trata-se de algo absolutamente uno desde toda a eternidade na unidade de um *ato* divino *único* no qual coincidem totalmente todos os diversos significados da palavra *ato*: ser real, presente vivo, ser perfeito, movimento espiritual, ato livre.[49]

Isso é aplicável ao ser finito do ser humano, mas o que em Deus se dá *simultânea* e *plenamente*, naquele se manifesta como *separado* e *sucessivo*.

Na nossa interpretação de Stein, assim podemos responder à pergunta inicial "Quem sou eu?" aplicada ao ser humano concreto e finito: sou uma pessoa, ou seja, um ser formado por corpo, psique e espírito, que quer ir além da pura limitação que meu ser corporal me impõe, e que chego a fazê-lo precisamente graças à instância espiritual

[48] STEIN, E. **Ser finito y ser eterno...** op. cit., p. 361.

[49] *Idem*.

que permite uma transcendência que tende para Deus ainda que nunca chegue a colocar-me no mesmo plano de sua transcendência absoluta; um ser cujo insondável âmbito de sentido está constituído por um núcleo que o faz único e irrepetível; e, ainda, um ser capaz de reconhecimento de outros seres diferentes e capaz de relacionamento com eles.

Referências

ALES BELLO, Angela. Presentazione. In STEIN, Edith. **Psicologia e scienze dello spirito: contributi per una fondazione filosofica**. 2a. ed. Roma: Città Nuova, 1999, pp. 5-32.

ALES BELLO, Angela. Prefazione alla seconda edizione.In STEIN, Edith. **Il problema dell'empatia**. 2a ed. Roma: Studium, 1998, pp. 11-15.

ALES BELLO, Angela. Edmund Husserl: riflessioni sull'antropologia. **Per la filosofia**. XVII/49 (2000), pp. 22-28.

ALES BELLO, Angela. **Pessoa e comunidade: comentários: psicologia e ciências do espírito de Edith Stein**. Prefácio, edição e notas de Miguel Mahfoud. Tradução de Miguel Mahfoud e Ir. Jacinta Turolo Garcia. Belo Horizonte: Artesã, 2015.

BETTINELLI, Carla. **Il pensiero di Edith Stein: dalla fenomenologia alla scienza della croce**. Milano: Vita e Pensiero, 1976.

FERRER, Urbano. **¿Qué significa ser persona?**. Madrid: Palabra, 2002.

HERBSTRITH, Waltraud. **Edith Stein: eines philosophischen Werdegangs**. 2a. ed. München: Verlag Neue Stadt, 1997.

HUSSERL, Edmund. **Idee per una fenomenologia pura e una filosofia fenomenologica**. Vol. II, Livro II e III. Editoração de Vincenzo Costa, tradução de Enrico Filippini. Torino: Einaudi, 2002.

HUSSERL, Edmund. **Meditações cartesianas: introdução à fenomenologia**. Prefácio de Márcio Pugliesi. Tradução de Frank de Oliveira. São Paulo: Madras, 2012.

LÉVINAS, Emmanuel. **Théorie de l´intuition dans la Phénomenologie de Husserl**. Paris: Vrin, 1963.

LÉVINAS, Emmanuel. **Totalité et infini: essai sur l´extériorité**. Paris: Kluer Academic, 2009.

MANGANARO, Patrizia. L'*Einfühlung* nell'analisi fenomenologica di Edith Stein: una fondazione filosofica dell'alterità personale. **Aquinas**. XLIII/1 (2000), pp. 101-121.

SCHELER, Max. **Il formalismo nell'etica e l'etica materiale dei valori.** Tradução e edição de Giancarlo Caronello. Cinisello Balsamo (Milano): San Paolo, 1996.

SCHELER, Max. **Esencia y formas de la simpatía**. Tradução de José Gaos. Buenos Aires: Losada, 2004.

SECRETAN, Philibert. Il problema della persona in Edith Stein. In MELCHIORRE, Virgilio. (Org.). **L´idea di persona**. Milano: Vita e Pensiero, 1996, pp. 325-341.

STEIN, Edith. **Una ricerca sullo Stato**. Tradução e Apresentação de Angela Ales Bello. 2a. ed. Roma: Città Nuova, 1992.

STEIN, Edith. **Ser finito y ser eterno: ensayo de una ascención al sentido del ser**. Tradução de Alberto Pérez Monroy. México: Fondo de Cultura Económica, 1994.

STEIN, Edith. **Il problema dell'empatia**. Tradução de Elio Costantini e Erika Schulze Costantini. 2a ed. Roma: Studium, 1998.

STEIN, Edith. Il castello interiore. In STEIN, Edith. **Natura, persona, mistica: per una ricerca cristiana della verità**. 2a. ed. Roma: Città Nuova, 1999, pp. 115-147.

STEIN, Edith. **Psicologia e scienze dello spirito: contributi per una fondazione filosofica**. Tradução de Anna Maria Pezella. 2a. ed. Roma: Città Nuova, 1999.

STEIN, Edith. **La struttura della persona umana: corso di antropología filosofica**. Tradução de Michelle D´Ambra. Roma: Città Nuova, 2013.

Os autores

MIGUEL MAHFOUD (Org.)

Brasileiro, Doutor em Psicologia Social pela Universidade de São Paulo, com Pós-Doutorado na Pontifícia Universidade Lateranense em Roma. Professor efetivo no Departamento de Psicologia da Faculdade de Filosofia e Ciências Humanas da Universidade Federal de Minas Gerais de 1996 a 2016, atuando no campo da Psicologia e Cultura, desenvolvendo a proposta de plantão psicológico e o conceito de experiência elementar em suas implicações para a psicologia. É Membro do Comitato Scientifico del Area Internazionale di Ricerca "Edith Stein e la Filosofia Contemporanea" da Pontifícia Universidade Lateranense em Roma e Membro do Conselho Consultivo da Sociedade de Estudos e Pesquisa Qualitativos.

EDUARDO GONZÁLEZ DI PIERRO

Mexicano, Doutor em Filosofia pela Pontifícia Universidade Lateranense em Roma e atualmente, no Méxio, é Professor-Investigador na "Facultad de Filosofía Samuel Ramos, Universidad Michoacana de San Nicolás de Hidalgo", Membro do Sistema Nacional de Investigadores, e Membro Ordinário da seção mexicana do Círculo Latino-americano de Fenomenologia.

HANS URS VON BALTHASAR

Suíço, Doutor em Literatura pela Universidade de Zurique, formou-se em Filosofia e Telogia em Lion (França) e

Munique (Alemanha), foi um dos fundadores da revista internacional Communio, é considerado um dos mais importantes teólogos do século XX. Faleceu em Basileia (Suíça) em 1988.

KARIN HELLEN KEPLER WONDRACEK

Brasileira, psicóloga Doutora e em Teologia pela Escola Superior de Teologia com estágio doutoral na Universidade de Erlangen-Nurenberg e estudos complementares na Universidade de Freiburg e Universidade Católica Portuguesa, Professora Assistente na Faculdades EST, onde coordena o Grupo de Pesquisa em Fenomenologia da Vida, é Membro pleno e docente na Sigmund Freud Associação Psicanalítica, Membro do Grupo de Trabalho "Psicologia e Religião" da ANPEPP e Membro da *Christian Association of Psychological Studies* e da diretoria da *Society for Explorations of Psychoanalytic Therapies and Theology.*

STANISLAW GRYGIEL

Polonês, Doutor em Filosofia Cristã pela Universidade Católica de Lubin (Polônia) sob orientação de Karol Wojtyła. Atualmente é Professor Emerito de Antropologia Filosófica no Pontifício Instituto João Paulo II na Pontifícia Universidade Lateranense em Roma, sendo Diretor da Cátedra Karol Wojtyla. É *Visiting Professor no* Pontifício Instituto João Paulo II em Washington (EUA). É cofundador e diretor da revista *Il Nuovo Areopago*, membro da redação da revista *Communio* (edição francesa), membro da Sociedade Filosófica Polanesa, da Sociedade Filosófica da Argentina, e da Academia *Scientiarum et Artium Europea* (Viena).

Este livro foi composto com tipografia Minion
e impresso em papel Offset 90g. na Gráfica Del Rey.